살아남는 자의 힘

어린 나에게 눈을 맞추고
살가운 이야기로 감성을 키워준
내 어머니 민정심 님께
이 책을 바칩니다.

가진 것 없고 재주 없는 보통 사람들을 위한 **억대 연봉 노트**

살아남는 자의 힘

이창우 지음

모아북스
MOABOOKS

멋있게 품위 있게 살고 싶다

◆

◆

◆

성공은 먼 곳에 있지 않다.
바로 당신의 삶 속에 숨어 있다.
그리고 삶 속에 숨어 있는 성공을 찾아내는 것이
당신이 할 일이다.

성공에는 법칙이 있어
그 법칙을 올바르게 실천하기만 하면
누구나 성공을 거둘 수 있다.
성공의 가치를 어디에 두느냐,
성공의 크기가 만족할 정도이냐는
사람마다 다르겠지만
적어도 삶에 있어서 '성공했다' 라고 말할 정도의
성과는 얻을 수 있다.

나는 그간 살아온 경험을 통해
아홉 가지의 성공법칙을 찾았다.
이것은 나의 경험이자
역사 속 성공한 인물들의 삶이기도 하다.

'9S' 를 습관으로 만들어
성공의 기쁨을 공유할 수 있기를 바란다.

나는 어떤 사람으로 기억되길 바라는가

1.
"연봉이 어떻게 됩니까?"

나를 처음 만나는 사람은 십중팔구 먼저 이렇게 묻는다. 미친 듯이 강의를 하고 밤낮없이 바쁘게 살고 있지만, 학벌과 학력이 우선인 우리나라에서 전문대 출신의 강사, 늦깎이 대학원생이 과연 벌어 봤자 얼마나 벌겠느냐 싶은 모양이다.

그러나 2015년에 연봉 6억을 넘었다. 소위 'SKY' 대학을 나와 대기업에 근무하는 친구의 연봉이 2억 조금 못 되고, 외국 보험회사에 다니는 친구의 연평균 수익이 1억 전후라고 자랑하는 것과 비교했을 때 그들보다 서너 배는 많은 금액이다.

'스펙'을 우선으로 따지는 사람들의 잣대로 따지면 이창우라는 사람은 그다지 자랑할 것이 없지만, 내 분야에서 '실력'으로 대결했을 때 누구에게도 뒤지지 않을 자신이 있다. 그리고 실력으로 이뤄낸 연봉이기에 그 성과가 자랑스럽다. 아무리 학벌과 학력이 뛰어나고 스펙이 화려하다 해도 정작 실력이 없다면 '빛 좋은 개살구'에 지나지 않는다.

2.

내 강의를 들으러 오는 사람들은 대개 '성공'을 꿈꾸는 불특정 다수의 사장들이다. 나와 안면 있는 사람도 있고 처음 만나는 사람도 있지만 한 가지 공통된 점이 있다. 그들이 실력 있는 사람의 강의를 듣기 위해 이곳저곳을 다녀보았으며 그러한 강의를 여러 번 들었다는 사실이다. 개중에는 강사들의 명대사를 줄줄 꿰고 있는 사람들도 있다.

그들이 강의를 반복해서 듣는 이유는 사람마다 성공에 대해 다르게 말하기 때문이다. 성공을 경험해 보지 못한 사람들은 그저 신기하면서도 한편으로는 아리송하다. 어떤 길이 과연 성공으로 가는 길인가 하고 말이다.

그러나 고민할 필요 없다. 성공으로 가는 길은 외길이 아니라 여러 갈래가 있다. 그 가운데 원칙이 존재하고 또 그 가운데 자신에게 맞는 길이 따로 있다. 그러므로 반복해서 성공에 대한 강의를 듣는 가운데, 과연 자신이 어떤 길을 선택해서 걸어갈 것인지 결정하면 된다. 그 순간 눈앞에 성공으로 가는 길이 펼쳐질 것이다.

단, 성공으로 가는 길에는 지름길이 없다. 편법이나 지름길을 찾아서 '이게 웬 횡재냐!' 하고 정신없이 내달리다 보면 곧 알게 된다. 그 끝이 성공이 아니라 낭떠러지라는 것을. 그러므로 성공에 대해 정도正道를 말하는 사람이 누구인지, 강의에 얼마나 진실성이 담겨 있는지, 경험을 밑바탕으로 하고 있는지 등을 잘 따져 보고 강사를 선택해서 강의를 들어야 한다.

3.

강의장에 문전성시를 이루는 많은 사람들을 보면서 항상

그분들께 감사를 드린다. 강의장이 썰렁하면 몸이야 덜 힘들겠지만 강의할 때 흥이 나질 않는다. 강사들은 청중의 반응을 살피고 청중과 교감하면서 내용을 전달할 때 보람을 느끼는 법이다. 다시 말해 청중은 살아가는 데 유익한 강의를 듣고, 강사는 청중을 통해 삶의 보람을 느낀다.

나 또한 강의를 하다 보면 목소리가 격양되고 제스처가 커져서, 강의장을 나올 때는 하프 마라톤을 뛰고 온 사람처럼 다리 힘이 풀려 버린다. 물론 그 때문에 박수도 많이 받지만, 때로는 목이 잠기고 통증도 심해 환절기마다 병원 신세를 지고 있다.

"강사님, 오늘은 다른 분께 강의를 맡기고 좀 쉬시지 그래요?"

컨디션이 안 좋아 목소리가 거의 나오지 않을 때면 걱정해 주시는 분들이 강의를 만류하기도 한다.

"작게 말하고 짧게 끝낼게요. 걱정 마세요."

그렇게 마음먹고 강의장에 들어가지만, 막상 강의를 시작하면 목소리가 커지고 강의는 시간을 훌쩍 넘기고 맙니다. 그리고 강의를 하는 도중에는 아픈 것도 잠시 잊는다. 이렇게 내가 움직이는 것은 내 의지라기보다는, 강의장을 뜨겁게 달군 열기와 귀를 쫑긋 세우고 집중하여 듣는 이들의 눈에 어린 간절함이다. 그들의 열기와 눈빛 때문에 목이 아프고 컨디션이 안 좋아도 강의를 멈출 수가 없다.

4.

어느덧 '하늘의 명을 알게 된다' 라는 지천명知天命의 나이가 되었고, 과천에서 뿌리를 내리고 산 지도 17년이 되었다.

축구를 워낙 좋아해서 과천에서도 조기축구회에 가입했다. 전에 살던 지역에서도, 또 그 전에 살던 지역에서도 일요일 아침마다 인근 초등학교 운동장에 나가 열심히 공을 찼다. 조기축구회원 중에는 친구도 있고 형님, 동생도 있어서 그들과 한바탕 뛰면서 땀을 흘리면 일주일이 내내 상쾌하다.

경기가 끝나면 대부분의 회원들은 식당으로 가서 밥을 먹고 반주로 소주나 막걸리를 한 잔씩 걸친 다음 잡담을 나누다가, 점심 즈음이 되면 우르르 당구장으로 몰려간다. 당구를 치면서 다시 한두 잔씩 맥주를 마시거나 아니면 내기 경기를 해서 진 팀이 맥주를 사기도 한다. 그렇게 놀다가 저녁때가 되어서야 헤어져 각자의 집으로 돌아간다.

이것이 나쁘다는 것은 아니다. 주중에 힘들게 일했으니 하루쯤은 자신을 위해 놀고 즐기는 시간도 필요하다. 그것이 다음 주 동안 힘차게 일할 원동력이 되기도 할 테니까.

그러나 나는 지난 17년 중에 단 몇 번을 빼고는 형님들의 유혹을 뿌리치고 집으로 왔다. 온전히 나를 위한 시간, 내가 즐거운 시간을 만들기 위해 축구 경기를 마친 다음에는 집으로 돌아와 인문학 책을 읽었다.

《논어》, 《중용》, 《한비자》, 《정관정요》, 《손자병법》, 《사기》 등의 동양고전과 에드워드 기번의 《서양사》에서부터 칸트, 헤겔, 마르크스, 하워드 가드너 등 유명한 학자들의 책을 닥치는 대로 읽었다.

책을 읽는 것은 술을 먹거나 당구를 치면서 잡담을 나누는 것보다 훨씬 재미있고 보람이 있었다. 책의 마지막 장을 넘길 때마다 한 뼘씩 성장한 자신을 보는 것이 즐거웠다. 그리고 이렇게 읽은 책들이 더 신뢰 있고 공감 가는 강의의 근간이 되었다.

5.

2013년, 화장품 회사에 근무할 때였다. 판매왕으로 선정되어 부상으로 BMW3시리즈를 받았고, 조기축구회에 그 차를 타고 나갔다. 멀찌감치 주차를 했는데도 사람들의 시선은 온통 차에 집중되었다.

"외제차 산 거야?"

선배가 부러운 듯이 물었다.

"아닙니다. 이번에 회사에서 부상으로 받은 겁니다."

"공짜로 받은 거라고? 그럼 외제차 받은 기념으로 한턱 쏴야겠는걸."

선배의 말에 40여 명의 회원들이 입을 모아 "한턱 쏴! 한턱 쏴!"를 연호했다. 그들 중 누구 하나, 내가 어떤 아이템을 어떻게 취급해서 수백억 원의 매출을 올리고 성공했는지 궁금해 하거나 물어보는 사람이 없었다. 그들의 관심은 오직 그날 마실 술값을 누가 내느냐 하는 것이었다. 조기축구회 회원들은 팍팍한 월급쟁이, 월세 걱정이 한 짐인 자영업자들이 대부분이었고 막노동과 편의점 아르바이트로 어렵게 살아가는 사람들도 있었는데 말이다.

그때 언젠가 들었던 말이 떠올랐다.

"거지가 부러워하는 사람은 부자가 아니라 빵을 들고 있는 거지다."

우리 중 가진 재산이 얼마인지도 모르는 대기업 총수를 진심으로 부러워하는 사람이 몇이나 될까? 엄두조차 낼 수 없는 현실성 없는 자리는 그들만의 무대이지 우리와는 거리가 있다.

우리가 정작 부러워하는 사람은 연봉이 1억 정도 되고, 자기 집을 갖고 있고, 외제차나 중형 세단을 타는 사람. 여유롭게 골프를 치거나 가족여행을 다니고, 가끔 호텔 뷔페에서 밥을 먹고, 일에 매달리지 않으면서도 사는 것 걱정 없는, 그런 시간적·경제적 여유가 있는 사람이다. 이 정도면 충분히 부러움을 살 만하며 다들 그처럼 되기를 꿈꾼다. 이것이 대기업의 총수가 바라보기에 '빵을 가진 거지' 처럼 보인다 해도 말이다.

6.

중국 최대의 전자상거래 업체 '알리바바' 의 창업자인 마윈馬雲 회장은 한 인터뷰에서 이렇게 말했다.

세상에서 가장 같이 일하기 힘든 사람들은 가난한 사람들이다.

자유를 주면 함정이라고 얘기하고,

작은 비즈니스라고 하면 돈을 별로 못 번다고 하고,

큰 비즈니스라고 하면 돈이 없다고 하고,

새로운 걸 시도하자 하면 경험이 없다고 하고,

전통적인 비즈니스라고 하면 어렵다고 하고,

새로운 비즈니스라고 하면 다단계라고 하고,

상점을 같이 운영하자고 하면 자유가 없다고 하고,

새로운 사업을 시작하자고 하면 전문가가 없다고 한다.

그들에게는 공통점이 있다.

구글 등의 검색 사이트에 물어보기를 좋아하고,

희망이 없는 친구들에게 의견 듣는 것을 좋아하고,

대학교수보다 더 많은 생각을 하지만 장님보다 더

적은 일을 한다.

그들에게 물어보라, 무엇을 할 수 있는지.

그들은 대답할 수 없다.

당신의 심장이 빨리 뛰는 대신 행동을 더 '빨리' 하고 그것에 대해서 생각해 보는 대신 무언가를 '그냥' 하라.

가난한 사람들은 공통적인 행동 때문에 실패한다.

그들의 인생은 기다리다가 끝이 난다.

그렇다면 현재 자신에게 물어보라.

"당신은 가난한 사람인가?"

마윈 회장의 말은 시사하는 바가 크다. 적극적으로 나서서 행동하는 사람, 두려움 없이 도전하는 사람만이 성공할 수 있으며 누구보다 빨리 움직여야만 살아남을 수 있다는 것이다. 보수保守를 고집하고 변화를 배척하는 사람은 성공은 커녕 사람들과 어울려 살아가는 것조차 힘든 시대가 되었다. 그래서 사람들은 "예전에는 큰 것이 작은 것을 잡아먹었지만 지금은 빠른 것이 느린 것을 잡아먹는다"라고 말한다.

그러나 지금 내 주위에는 지난 17년 동안 꼼짝 않고 변화를 거부하는 사람들이 가득하다. 아니, 50년이 넘도록, 자기는 변화하지 않으면서 사촌이 땅을 사면 배 아파하고 정보와 성공의 기회가 널려 있다고 말해도 마음을 닫아 버린 채 외면하는 사람들이 숱하다. 결국 성공의 기회는 간절히 원하는 사람에게 돌아가는 법이다.

7.

평균수명이 길어지면서, 청년실업이 심각해졌다. 인공지능을 갖춘 컴퓨터가 사람의 일자리를 대신하면서 일자리는 줄어들었는데, 그 자리를 두고 중장년과 청년이 치열하게 경쟁을 하다 보니 누군가는 실업의 멍에를 짊어질 수밖에 없다.

나라에서는 노인 일자리 창출을 독려하고 청년실업 구제를 위해 다양한 정책을 제시하고 있지만 그 정도 가지고서는 역부족이다. 더 적극적으로 나서서 경제구조부터 개선하지 않으면 실업 해결은 요원한 과제가 될 것이다.

미래가 더욱 불투명하고 내일을 낙관할 수 없는 현실에서, 누군가에게 희망의 등대가 되고자 하는 마음으로 이 책을 쓰게 되었다. 많은 실패와 성공을 반복하는 가운데 아홉 가지 성공법칙을 찾아냈고, 그것을 한 권의 책으로 묶어낸 것이다.

이 책의 내용은 내가 읽은 많은 인문서들과 나의 경험을 바탕으로 하고 있으며, 누군가에게 도움을 주고자 하는 선한 의지를 담고 있다. 그리고 누군가 이 책을 읽으면서 성공에 대한 실마리를 얻게 될 것이라는 확신을 갖고 있다.

이 책에서 소개하는 9가지 스타트업 가이드는 다음과 같다.

1. Surprise — 생동감 : 감탄사로 반응하라

2. Sun — 신념 : 한 번뿐인 삶에서 스스로 빛나라

3. Smile — 긍정의 힘 : 어떤 상황에서도 웃어라

4. Speech — 신뢰 : 한번 뱉은 말은 천금처럼 여겨라

5. Story — 자기철학 : 나의 스토리가 바로 나다

6. Study — 지식 : 앎이란 곧 권력이다

7. Simple — 원칙 : 원칙이 있어야 앞으로 나아갈 수 있다

8. Soft — 포용력 : 유연한 사고와 삶의 자세가 친구를 만든다

9. Servant — 섬김 : 스스로 낮아지면 감사와 행복이 따라온다

이것이 9S(나인 에스)다.

이 아홉 가지 성공법칙을 실천하면 기적처럼 성공이 따라온다. 이것은 지난 수십 년 동안 직접 나에게 대입하여 얻은 법칙으로, 이 법칙을 실천한 덕분에 성공을 얻었고 지금은 감사한 마음으로 하루하루를 보내고 있다.

성공은 한자로 '成功'이라고 쓴다. '공적을 이루다', '목적하는 바를 이루다'라는 뜻이다. 지금 나의 성공은 이 책을 읽는 독자들이 목적한 바를 이루고 행복한 삶을 살아가는 것이다. 더 많은 사람들의 행복을 만들어가는 것, 그것이 나의 성공 목표이기 때문이다.

2016년 가을

이 창 우 씀

차
례

:
:
.

프롤로그

나는 어떤 사람으로 기억되길 바라는가 · 10

Part 1
살아남기 위해 극복해야 할 것들
문제는 습관의 전환에 있다

01 습관이 인생을 좌우한다 · 28
습관은 인생행로를 결정하는 원리다 · 29
생각의 습관을 단번에 바꾼 경험 · 31
노력으로 습관을 바꿔 되찾은 건강 · 34

02 습관에는 법칙이 있다 · 36
관성의 법칙 · 36
타협의 법칙 · 37
습관은 무의식에 작용한다 · 39
누구나 '성공하는 사람의 습관'을 가질 수 있다 · 41

Part 2

살아남기 위해 갖추어야 할 나인에스(9S) 성공법칙

경험은 또 다른 성공의 밑거름

15번의 실패 속에서 배운 성공법칙 · 44

나인에스(9S) 성공법칙 활용 가이드 · 46

01 Surprise _ 생동감 감탄사로 반응하라 · 47

　살아 있는 사람만이 춤출 수 있다 · 47

　공감할 때 존재감이 생긴다 · 51

　존재감을 인정받는 기쁨 · 53

　교만이 아닌, 균형 잡힌 자존감이란 · 56

　대한민국 헌법 제 1조 · 58

　〈자존감을 높이는 10가지 원칙〉 · 62

02 Sun _ 신념 한 번뿐인 삶에서 스스로 빛나라 · 67

　공짜로 퍼주는 태양 · 68

굳은 신념으로 역사를 바꾼 사람들 · 70

습관의 노예로 살아가는 '작심삼일병' · 73

자신을 믿고 꾸준히 인내하는 사람 · 74

사람과 사람 사이에서 사람이 하는 일 · 77

신념은 사람이 사람답게 살 수 있는 힘이다 · 81

〈의지력을 굳게 다지는 5가지 원칙〉 · 84

03 Smile _ 긍정의 힘 어떤 상황에서도 웃어라 · 87

웃지 못하는 사람과 웃지 못하게 하는 사람 · 87

명약 중의 명약, 구불약 · 89

생기 있는 웃음으로 목숨을 구한 빅터 프랑클인 · 93

건강과 관계를 회복시키는 웃음 · 94

웃음으로 사랑받은 나의 어린 시절 · 98

〈가장 예쁘게 웃는 방법〉 · 101

04 Speech _ 신뢰 한번 뱉은 말은 천금처럼 여겨라 · 104

온몸으로 경청하고 신중하게 대답하라 · 104

거짓을 말하지 말고, 말한 것은 반드시 지킨다 · 107

말하는 대로 생각하는 대로 · 110

〈말하는 대로〉 · 112

말로 먼저 세계를 지배한 칭기즈칸 · 114
자신이 한 말을 행동으로 보여주는 사람 · 115

5. Story _ 자기철학 나의 스토리가 바로 나다 · 121

삶의 가치는 자기 신념에서 나온다 · 121
내 영혼의 그 울림대로 살기 · 124
인간 중심이 아닌 사회에서 사람답게 살아가는 법 · 127
삶은 자신이 선택하는 것이다 · 129
책 속 간접경험을 통해 만들어지는 자기철학 · 131

6. Study _ 지식 앎이란 곧 권력이다 · 135

권력이 꽃이라면 지식은 씨앗 · 136
'아는 것' 보다 '할 줄 아는 것' 이 중요한 시대 · 138
생존지수와 직결된 지식 · 140
지식과 지혜는 신분마저 바꾼다 · 142
지식은 발전의 원동력 · 145
지식은 '아는 것' 이 아니라 '실천하는 것' 이다 · 148

7. Simple _ 원칙 원칙이 있어야 앞으로 나아갈 수 있다 · 152

원칙을 지키는 사람만이 원칙을 말할 수 있다 · 153
원칙은 신뢰를 만든다 · 156
목숨과 바꾼 원칙 · 158
뺨을 맞더라도 원칙은 지킨다 · 161
애플의 성공은 심플이다 · 164
〈나만의 실행력 10 가지〉 · 167

8. Soft _ 포용력 유연한 사고와 삶의 자세가 친구를 만든다 · 168

시행착오를 통해 배운 부드러운 리더십 · 169
세계의 역사를 바꾼 능력은 '포용력' · 171
상대방을 판단하는 기준의 위험성 · 174
자존심의 꽃이 떨어져야 승리의 열매가 맺힌다 · 177
부드러움이 강함을 이긴다 · 180
〈포용력을 키우는 5가지 원칙〉 · 183

9. Servant _ 섬김 스스로 낮아지면 감사와 행복이 따라온다 · 186

사람대접을 받으려면 · 187

감사는 겸손한 마음에서 비롯된다 · 189

낮은 곳에서 상대방을 섬기는 '서번트 리더십' · 192

병자를 섬긴 인류의 서번트, 슈바이처 · 195

퍼주면 다시 돌아오는 에너지의 법칙 · 199

냇물이 흘러 바다로 가는 이유 · 202

〈낮은 곳에 섬김을 배우는 3가지 원칙〉· 204

Part 1

살아남기 위해 극복해야 할 것들

문제는 습관의 전환에 있다

습관이 인생을 좌우한다

태어나면서부터 결정되는 것은 얼마나 될까? 부모, 성별, 나이, 외모……. 그것을 다 합한다고 해도 사람을 구성하는 모든 특성 중에 10퍼센트도 되지 않는다. 더군다나 부모님 키가 모두 작은데 자신만 키가 크다거나, 형제들은 피부색이 평범한데 자신만 유독 검다거나, 그밖에 같은 유전자를 물려받은 사람끼리도 서로 다른 특징을 나타내는 것을 보면, 유전자 또한 똑같이 발현되지 않는다는 것을 알 수 있다.

유전자를 제외한 나머지 특성들은 후천적으로 결정된다. 다시 말해 성장하면서 만들어가는 것이다. 그런데 신기한 점은, 성장 배경이나 환경이 똑같은 형제자매도 서로 다른 성격과 취향을 갖는다는 것이다. 왜 그럴까?

사람이 왜 모두 다른가 하는 점을 깊이 관찰하는 일은 성공이 원천을 탐구하는 기초 작업이 될 것이다. 좀 더 자세히 살펴보자.

습관은 인생행로를 결정하는 원리다

그 이유로 가장 큰 몫을 차지하는 것은 습관이다. 매일 되풀이하는 습관은 개개인의 인생행로를 결정하는 가장 구체적인 기본 원리 중 한 가지다.

습관은 크게 두 가지로 나눠 볼 수 있는데, 한 가지는 '생각하는 습관'이고 다른 한 가지는 '행동하는 습관'이다. 그러나 생각하는 습관이 행동하는 습관을 결정하므로, 사실은 같은 맥락에서 이해할 수 있다. 습관이란 "여러 번 되풀이함으로써 저절로 익혀져 굳은 행동"이므로, 애써 의식하지 않아도 행동이 '저절로' 그렇게 되고 만다.

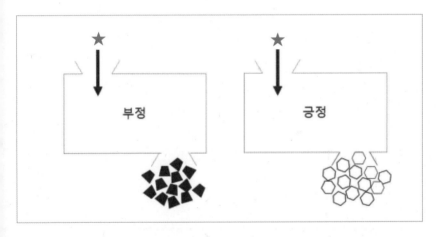

이것은 생각하는 습관을 단적으로 보여주는 그림이다. 똑같은 것을 집어넣어도 부정적으로 생각하는 습관을 가진 사람과 긍정적으로 생각하는 습관을 가진 사람은 다른 결과를 만들어낸다.

왼쪽은 누군가 "짜증 나!"라고 말했을 때, "재수 없어", "왜 나한테 짜증

내고 난리야?", "나도 너 짜증 나"라고 대답하는 반면, 오른쪽은 "무슨 일 있니?", "힘들겠구나", "우리 만나서 얘기할까?" 등으로 반응한다. 만약 내가 지치고 힘들어서 위로를 받고 싶은 상황이라면 과연 누구에게 더 마음이 갈지는 뻔한 일이다.

부정적으로 생각하는 습관은 어떻게 만들어질까?

그것은 어릴 때부터 주변 사람들로부터 들은 말이 뇌를 자극하면서 만들어진다. 감정을 담당하는 뇌는 다른 부분보다 민감해서 분노, 슬픔, 미움, 짜증 등 격정적이고 자극적인 감정을 오랫동안 뇌에 새긴다고 한다.

부정적인 말이 부정적인 행동을 만들고, 그 행동을 다른 사람이 부정적으로 평가하고, 그 평가가 다시 부정적인 말을 만들고……. 이런 식으로 악순환이 반복되면서 부정적으로 생각하는 습관이 만들어진다. 다시 말해, 어릴 때부터 부정적인 말을 많이 듣고 자란 아이가 부정적으로 생각하는 습관을 갖게 되는 것이다.

그렇다면 한번 만들어진 습관은 절대 바뀌지 않는 것일까? 부정적인 생각을 하는 습관이 있는 사람은 평생 부정적인 생각에 휩싸여 살아가야 하는 것일까?

그렇지 않다. 습관은 노력에 의해 바꿀 수 있다. 저절로 바뀌는 것은 아니고, 의도적으로 열심히 노력해서 바꿀 수 있다. 그리고 가끔, 결정적인 사건으로 인해 단번에 바뀌기도 한다. 나에게도 그런 경험이 있다.

생각의 습관을 단번에 바꾼 경험

가난한 시골 마을에서 살다 보면 늘 듣는 말이 가난을 한탄하는 소리, 무능력한 남편 탓하는 소리, 철없는 자식들 꾸짖는 소리다. 농한기 때는 할일 없는 남자들이 모여 화투를 치거나 술을 마시고, 여자들은 빠듯한 살림살이에 대한 스트레스를 끊임없는 잔소리로 풀어낸다. 어른들은 그렇게 가까이 하기에는 불편한 존재였다.

딱히 말썽을 부리거나 부모님께 걱정을 끼친 적은 없지만, 동네에서 친구들과 뛰어놀다가 어른이 나타나면 일단 숨었다. 친구 집에 가서 떠들고 이야기하다가도 친구 부모님이 나타나면 숙제하는 척 시침을 뗐다. 어른들이 원하는 모습을 보여야 싫은 소리를 듣지 않는다고 생각했기 때문이다. 어른들이 원하는 모습은 공부 열심히 하고, 부르면 재빨리 대답하고, 나가서 시키는 일을 도와주고, 부모님이 바쁘실 때는 동생들의 공부를 책임지는, 당시 어린 우리가 감당하기에는 버거운 그런 모습이었다. 그렇게 하지 못하면 흉내라도 내야 하는데, 하기 싫은 것을 억지로 하려니 결국은 눈속임만 하게 된 것이다.

그렇게 자라다 보니 점점 나이 많은 어른들을 대하기가 불편했다. 어른들(우리 때는 그들을 '꼰대'라고 불렀다)은 생각이 고리타분하고, 고집이 세서 큰소리로 자기주장만 하고, 자기의 뜻과 맞지 않으면 감정적으로 대응하고, 처음 보는 사람에게도 함부로 반말을 하는, 부정적인 이미지를 가진 사람이었다.

사회생활 초기, 어른에 대한 부정적인 사고 때문에 직장에 가는 일이 즐겁지 않았다. 대학을 졸업하고 중견 병원의 임상병리과에 입사했는데, 신참인 내 위로 층층이 대리, 과장, 차장, 부장이 있었고 그분들 모두 나보다 나이가 많았다. 특히 차장, 부장은 나이가 50대로, 아버지보다 조금 어린 정도였다. 그 앞에 서면 주눅이 들어서 가능하면 곁에 가지 않았는데, 어쩌다 그 앞에 서기라도 하면 가슴이 먹먹하고 머리가 꽉 막혀 버렸다.

그런데 그 생각을 바꿔줄 결정적인 사건이 벌어졌다. 같은 날 같은 검사를 한 두 환자의 결과를 내가 바꿔서 기록하는 실수를 한 것이다. 결과가 당사자들에게 통보되었는데, 그 다음 날 담당의가 이를 이상하게 여기고 다시 문의를 했고 그것을 확인하는 과정에서 실수가 드러났다. 한 환자에게는 '폐암'이, 다른 환자에게는 '만성폐쇄성폐질환'이 통보되어야 하는데 두 사람의 결과지가 바뀐 것이다.

임상병리사는 한 치의 오차도 허용할 수 없는 직업이라는 것을 잘 알기에 심장이 쪼그라들어 숨도 못 쉴 지경이었다. 한 집은 이미 초상집 분위기였고 다른 한 집은 '치료만 잘 받으면 나을 수 있다'라는 희망을 안고 있는데, 그 두 집에 검사 결과가 바뀌었다는 말을 어떻게 전달해야 할지 막막했다.

그때 내 위의 과장이 나섰다.

"이건 자네 선에서 해결될 문제가 아니야. 어떻게 하면 좋을지 고민해 보자고."

그러나 과장도 어떻게 대처해야 할지 막막했던지 머리를 쥐어짜고만 있었다. 그때 보고를 받은 차장이 헐레벌떡 달려왔다.

"음……. 내가 설명하고 올 테니까 자네는 대기하고 있게. 환자와 가족의 충격이 걱정되긴 하지만 다행히 아직 수습할 기회는 있어."

차장이 나서서 일을 해결하고 나서, 환자들끼리 희비가 교차하는 한바탕 소동과, 백배 사죄와, 감봉 처분을 받았지만 그 외에 상사들로부터 개인적인 응징은 없었다. 환자와 그 가족에게 뭐라 드릴 말씀이 없을 정도로 죄인이 되어 어쩔 줄 몰라 하는 상태에서 상사들까지 야단을 쳤더라면 나는 그길로 병원을 그만두고 깊은 트라우마를 갖게 되었을 것이다.

신참인 내가 당황하여 어쩔 줄 모를 때 상사들은 의연하고 침착하게 상황에 대처했다. 어린 신참의 잘못을 다독여 주고 환자와 가족의 원망을 자신들의 책임으로 돌렸다. 그분들의 행동을 보면서 '어른'에 대한 생각이 바뀌었다. 어른은 경험이 풍부해서 사고가 생겼을 때 의연하게 대처하는 사람이며 나이 어린 사람을 돌봐 주고 지켜 주는 사람이고, 나 또한 그런 멋진 어른이 되고 싶다는 생각을 갖게 된 것이다.

이러한 경험은 어른에 대해 부정적으로 생각하는 습관을 긍정적으로 바꿔 놓았다. 그리고 오랫동안 불편했던 감정을 편하게 돌려놓는 데도 한몫을 했다.

노력으로 습관을 바꿔 되찾은 건강

그것뿐만이 아니다. 밥 먹는 습관은 나의 건강도 바꿔 놓았다. 늘 바쁘게 살다 보니 끼니를 거를 때가 많았고, 진득하게 앉아 꼭꼭 씹어 먹는 것이 아니라 허겁지겁 한 끼 때우는 식으로 배를 채웠다. 맛과 건강을 생각한 식사란 꿈도 못 꾸는 상황이었다. 그리고 결정적으로, 먹는 행위 자체를 그리 중요하게 생각하지 않았다.

그런데 젊을 때는 그렇게 하고도 별 문제가 없었는데, 나이를 먹으면서 부터는 건강에 빨간불이 들어왔다. 아침에 일어나기도 힘들고, 오후가 되면 쉽게 지치고, 기운이 없으니 당연히 의욕도 떨어졌다. 그러자 주변 사람들이 걱정하기 시작했다.

"선생님, 그러다가 쓰러지세요. 아무리 바빠도 끼니는 제대로 챙겨 드셔야지요."

"이거 선생님 드리려고 하나 샀어요. 식사 못 하실 때 밥 대신 드시기에 좋대요."

"선생님, 음식이 보약이라는데⋯⋯. 제가 보약 해드릴 형편은 안 되고, 맛있는 밥 한 끼 대접하겠습니다."

신기하게도 사람들은 '건강' 을 얘기하면서 '먹을거리' 를 챙겼다. 그때 생각했다.

'아, 건강을 지키려면 잘 먹어야겠구나. 밥을 밥답게 먹어야겠구나!'

그 뒤로 밥 먹는 습관을 바꾸었다. 하루 한 끼를 먹더라도 밥다운 밥을 먹기로 말이다. 그리고 몸에 좋다는 음식을 일부러 찾아 먹진 않더라도 기회가 될 때는 건강에 좋다는 것으로 챙겨 먹어야겠다고 생각했다. 눈만 뜨면 커피부터 찾던 습관도 바꿔, 이제는 커피 대신 따뜻한 물이나 차를 마시고, 아침 시간에 30분 먼저 일어나 간단한 운동으로 하루를 시작한다.

부정적으로 생각하는 습관을 긍정적으로 바꿀 수 있는 것처럼, 평범한 습관을 '성공하는 사람의 습관'으로 바꿀 수 있다. 그 습관이란 것이 무엇인지, 어떻게 바꿀 것인지는 이미 성공한 많은 사람들이 책으로 펴냈다. 그들의 책을 읽으면 그 안에서 첫 단추를 찾을 수 있을 것이다. 물론 이 책에도 성공으로 가는 아홉 가지 지혜를 담았다.

습관에는 법칙이 있다

관성의 법칙

습관에는 여러 법칙이 있는데, 그중 '관성의 법칙'을 무시할 수 없다. 오랫동안 행동으로 익은 것이기 때문에 습관을 교정한 뒤에도 원래대로 돌아가려고 하는 저항을 겪게 된다. 예를 들어, 운동하는 습관을 만들겠다고 마음먹고 아침 6시에 일어나 한 시간씩 운동한 지 일주일. 처음에는 벌떡벌떡 일어나서 헬스장으로 향하던 발걸음이 점점 무거워지기 시작한다. 그러다가 어느 날, 조찬 모임에 참석하느라 그날 하루 운동을 빼먹을 수밖에 없었다. 그런데 다음 날이 되자 마음속에서 유혹의 목소리가 들려왔다.

'아, 피곤해. 오늘 하루만 더 쉴까? 요 며칠 진짜 열심히 운동을 했으니까 하루쯤 쉬어도 되지 않을까?'

아침 7시에 일어나던 사람이 한 시간 먼저 일어나려니 그간 힘들었던 것이다. 그러나 수면 시간도 습관이다. 그래서 아침 7시에 일어나던 사람은 저녁 10시에 눈을 붙이든 12시에 눈을 붙이든 7시만 되면 저절로 눈이 떠진다. 이미 몸이 아침 7시를 기억하고 있는 것이다.

이와 마찬가지로, 기상 시간을 6시로 맞춰 놓고 몸이 그 시간을 기억할 때까지 반복하면 그것이 습관이 된다. 관성이 붙는 것이다. 당장은 그간의 습관대로, 다시 말해 관성에 따라 한 시간 더 자고 싶겠지만 그것을 극복하면 새로운 습관이 만들어진다. 어떤 것을 내 습관으로 만들지는 의지에 따라 선택이 가능하다.

관성의 법칙을 이기는 방법은 '각성覺醒'이다. '왜 운동을 시작했지?' 하고 묻고, 초심으로 마음을 되돌리는 것이다. 늘 깨어 있지 않으면 관성대로, 원래 하던 대로 그렇게 돌아가게 될 것이다.

다행인 점은, 좋은 습관을 완전히 몸에 익히면 거기에도 예외 없이 관성의 법칙이 적용된다는 사실이다.

타협의 법칙

습관에 적용되는 두 번째 법칙으로 '타협의 법칙'이 있다. 습관은 타협하기를 좋아한다. '오늘만', '한 번만'이란 말과 친하고 '어쩔 수 없이', '누구누구 때문에'라는 핑계에도 능숙하다.

늘 출근시간에 10분 지각하는 습관을 가진 사람이 있었다. 평상시에는 큰 표시가 안 나지만 정확히 9시에 오전 회의를 하는 월요일과 수요일에는 그 사람의 빈자리가 크게 드러났다. 상사는 그를 불러 화를 내며 호되게 야단을 쳤다.

"더도 덜도 아니고 딱 10분이야. 집에서 10분만 일찍 나오면 안 되나? 그러면 10분씩 지각하는 일은 없을 거 아냐. 이제 자네한테 '지각' 소리 하는 것도 지겹네."

그 사람은 마음먹고 습관을 바꾸기로 했다.

다음 날 집에서 30분 일찍 나왔는데, 차가 안 막힌 탓에 회사에 40분이나 일찍 도착했다. 그래서 그 다음 날은 10분 일찍 출발했는데 이번에는 5분 지각을 했다. 교통상황에 따라서 변수가 많았다. 그래도 지각하는 것보다야 좀 일찍 출근하는 게 낫겠지 생각하고, 다음 날은 20분 일찍 출발해야겠다고 마음먹었다. 그런데 어영부영하다 보니 집을 나서는 시간이 또 늦어지고 말았다. 결국 회사에 10분 지각하고 말았다.

"부장님, 죄송합니다. 일찍 나오려고 했는데, 어머니께서 전화하셔서 백내장 수술을 받아야 하는데 댁 근처에는 믿을 만한 병원이 없다고 병원을 알아봐 달라고 하셔서요. 오후에 전화 드린다고 했더니 오늘 당장 가봐야 한다고…… 그래서 형님께 전화를 했는데……."

그렇게 변명이 길어진다. 그러나 부장은 직원이 지각하지 않기 위해 노력하는 모습을 보고 '내일은 좀 더 일찍 집에서 나서 보게' 란 말로 덮고 넘어갔다.

문제는 그 다음 날이었다. 그날 역시 관성의 법칙대로 집에서 늦게 출발한 직원은 집을 나서면서부터 핑계거리를 찾기 시작했다.

'지난번에는 잘 넘어갔는데, 이번에는 무슨 핑계를 대지? 한 번만 봐달라고 솔직하게 말하고 사정해 볼까? 아니야, 그것도 한두 번이지. 그나저나 뭔 놈의 차가 이렇게 막혀. 그리고 집사람도 그렇지, 내가 꾸물대고 있으면 빨리 가라고 옆에서 재촉해야 할 거 아냐. 어쨌든 시간을 되돌릴 수도 없는 노릇이고, 오늘만 지각하고 내일부터는 정신 똑바로 차려야지.'

그러나 이러한 상황은 계속 반복이 될 것이며 '지각+변명' 이라는 또 다른 습관을 갖게 될 것이다. 변명이란 구멍을 만들어 놓고 그곳으로 기어 나갈 생각하지 말고, 습관이 타협을 제안해 왔을 때 과감하게 거절한 다음 '원칙' 을 지키는 게 최선이다. 바꾸고자 하는 습관을 원칙으로 삼고 그대로 따라야 한다. 타협은 마음가짐을 느슨하게 만드는 풍선껌 같은 존재다.

습관은 무의식에 작용한다

습관은 오랜 시간 동안 반복을 통해 만들어진 것이기 때문에 그만큼 두텁고 단단하다. 그리고 습관은 시간의 지배를 받지만 반드시 비례한다고는 말할 수 없다. '평생 그렇게 살아온 사람' 이 어느 날 갑자기 개과천선을 하는 것이다. 결정적인 계기와 사건에 의해 단숨에 습관이 바뀌는 경우도 있다. 단, 거기에도 관성의 법칙이 적용되어, 습관을 바꾼 충격의 강도와 사건의 중요도에 따라서 지속 시간이 짧아질 수 있다.

주변에는 자신의 안 좋은 습관을 바꾸고 싶어 하는 사람이 많다. 좋은 습관을 몸에 익혀 더 성공적인 인생을 살고자 하는 사람들이다. 그러나 습관은 여러 가지 법칙에 의해 결코 쉽게 바뀌지 않는다. 어렵게 바꾼 습관이 제자리로 돌아가면 절망하게 마련이다.

'아, 나는 안 돼. 이 나이에 새삼 뭘 바꾸겠다고! 그냥 살던 대로 살지, 뭐.'

그렇게 생각한다면 이 책을 읽을 필요는 없다. 그냥 살던 대로 제자리를 맴돌면서 살면 된다. 발전해 앞으로 나아가는 사람, 성공하는 삶을 꿈꾸지 않으면 된다. 그리고 그 모든 것을 자식에게 고스란히 물려주면 된다.

그러나 불편함과 어려움을 극복하고, 습관을 바꿔 성공의 궤도에 진입하길 바란다면 쉽게 포기하지 말라. 기회는 어느 날 갑자기 찾아오는 것이 아니라 꾸준히 노력하는 사람에게 찾아온다.

간절한 만큼 더 악착같이 노력하라. 오랜 시간 동안 반복을 통해 습관이 만들어졌기 때문에 그 습관을 바꾸는 데는 두 배의 시간이 필요하다. 쉽게 생각하면, 12시간 동안 노트 한 가득 필기를 했는데 그것이 엉뚱한 내용이었다면 그것을 지우는 데 12시간, 새로운 것을 적는 데 12시간이 필요하다. 그래야 몸이 그것을 기억한다.

누군가가 남들보다 습관을 빨리 바꿨다고 해서 부러워할 필요도 없다. 습관은 사실 시간보다 '노력'의 영향을 더 많이 받는다. 꾸준히 반복하면서 습관이 만들어진 것처럼 습관을 바꾸는 것도 꾸준한 반복을 통해 충분히 가능하다. 12시간 동안 잘못 필기했다고 해서, 24시간 동안 후회와 푸

념만 한다면 변화는 일어나지 않는다. 변화는 행동할 때, 즉 노력할 때 일어난다.

누구나 '성공하는 사람의 습관'을 가질 수 있다

돈을 많이 번 사람, 나이에 비해 건강한 사람, 획기적인 발명품을 만든 사람 등 성공한 삶을 살아가는 이들의 생활을 살펴보면 그들에게는 공통된 습관이 있었다.

특별한 사람들만 할 수 있는 특별한 습관이 있을까? 아니다. 그 공통된 습관이란 누구나 하는 행동이지만 습관으로 이어지지 않았던 평범한 행동, 쉽게 할 수 있지만 꾸준히 하기는 힘들거나 귀찮아서 미뤄 두었던 것들이 대부분이었다. 이것은 곧 '귀차니즘'을 이기고 특별하진 않지만 좋은 습관을 꾸준히 이어 나갈 때 그것이 성공을 불러온다는 사실을 증명한다.

성공한 이들을 샅샅이 연구하던 사람들은 그들의 공통된 습관에서 법칙을 만들어냈다. 그리고 그것을 '성공학'이라고 이름 붙였다. 경제성공학, 여성성공학, 미래성공학 등 성공학은 어느 분야에든 적용 가능하며, 사람들이 성공에 이를 수 있도록 체계적인 도움을 주는 유용한 지침이 되고 있다.

성공은 특별한 사람의 전유물이 아니다. 이 책에 소개한 인물 중에 고난과 시련을 겪지 않은 사람이 없으며, 개중에는 신체적인 장애나 콤플렉스

덩어리인 사람도 있다. 지능이 떨어진다고 놀림을 받거나 남과 다른 생각을 한다는 이유로 죽음으로 내몰리는 위기에 처한 사람도 있다. 그러나 그들이 마침내 성공할 수 있었던 것은 그러한 악조건 앞에 무릎 꿇지 않고 그것을 극복했기 때문이다.

Part 2

살아남기 위해 갖추어야 할
나인에스(9S) 성공법칙

경험은 또 다른 성공의 밑거름

15번의 실패 속에서 배운 나의 성공법칙

나는 지난 세월 동안 열다섯 번의 실패를 경험하면서 '어떻게 하면 실패하는지'를 확실히 알았다. 한 번 한 번의 실패가 쌓여 가는 동안 '아, 이렇게 하면 성공할 수 없겠구나'라고 생각했고, 마침내 '맞아, 이렇게 하면 성공할 수 있겠구나!' 하는 것을 깨달았다. 그리고 그것을 아홉 가지 법칙으로 정립했다. 그리고 '나인에스(9S) 성공법칙'이라고 이름 붙였다.

비록 나는 열다섯 번의 실패를 통해 그것을 알게 되었지만, 다른 사람들은 내가 정립한 법칙을 통해 실패를 경험하지 않기 바란다. 그리고 다른 사람보다 먼저 '성공한 사람'의 반열에 올랐으면 좋겠다.

단, 한 가지 유념할 것이 있다. 누군가의 성공법칙이 모든 사람들에게 100퍼센트 적용되는 것은 아니라는 점이다. 아침 일찍 일어나 활동하는 '아침형 인간'에게는 아침이 가장 활기 넘치는 시간이며, 일찍 일어나기 위해 일찍 잠자리에 드는 것이 당연하다. 그러나 활동 시간이 저녁과 밤인 '올빼미형 인간'에게는 아침이 가장 피곤한 시간이다. 그러므로 아침형 인간의 라이프스타일을 올빼미형 인간에게 강요한다면 오히려 건강을 해칠 수 있다.

성격이 급한 사람과 느긋한 사람은 다르다. 생각하고 움직이는 사람이 있는 반면 움직이고 나서 생각하는 사람도 있다. 한 번 시작한 일을 꾸준히 하는 사람도 있고, 반복되는 일은 지겨워서 못하지만 빠르게 변화하는 시대에 맞춰 새로운 아이디어를 내고 이벤트를 기획하는 등 창의적인 일을 신나서 하는 사람이 있다.

누군가는 분명 스트레스 받는 일일 텐데 그는 놀이처럼 즐겁게 척척 일을 해낸다. 이렇게 취향과 성격, 가치관 등이 서로 다른 사람들에게 동일한 성공법칙이 들어맞을 리 없다.

그래서 나는 역사 속 위인들을 분석하고 그들이 성공할 수 있었던 이유를 찾아보았다. 위인들의 삶을 되돌아보는 이유는 그들이 그러한 업적을 남기기까지 어떠한 과정을 거쳤으며 어떻게 시련을 견뎌냈는지 알기 위해서다. 방대한 양의 자료를 바탕으로 객관적인 시각을 가지고 접근했기 때문에 많은 이들이 공감하리라 생각한다.

물론 이 책에는 그간 내가 겪었던 일들과 만났던 사람에 대한 이야기가 있다. 이러한 사람들의 성공 스토리를 통해 자신에게 맞는 성공 법칙을 찾아가는 것, 그 일은 독자들의 몫이다.

나인에스(9S) 성공법칙 활용 가이드

습관이란 무의식적으로 반복하는 행동으로, 처음에는 의식적인 반복을 통해 만들어진다. 그러므로 9S를 내 것으로 만들려면 먼저 의식적인 변화를 시도해야 한다.

가장 먼저, 포스트잇에 9S 법칙의 각 항목을 따로 적은 다음 눈에 가장 잘 띄는 곳에 붙인다. 노트나 다이어리에 적어 놓는 것은 당연하고 화장실 문, 냉장고 문, 거울, 달력, 식탁 유리 아래, 침대 머리맡 등 눈길 닿는 곳마다 붙여두고 눈에 띌 때마다 반복해서 읽는다. 이때 눈으로만 읽지 말고, 입으로 소리 내서 읽어야 한다. 내 입을 통해 한 말이 다시 내 귀로 들어오면서 두뇌를 자극할 때 효과가 더 커지기 때문이다.

반복해서 읽으면서 위인들을 떠올린다. 그들이 성공할 수 있었던 이유를 가슴속에 다시 한 번 되새긴다. 역사 속 위인 중 자신의 롤모델을 한 명 설정하고 그분에 대해 탐구한다.

이 책 속에 등장하는 사람이 아니라도 상관없다. 성공한 사람으로 손꼽히는 사람의 훌륭한 면면을 찾아 본받기 위해 노력한다. 따라 하기를 통해 위인들의 습관을 하나하나 익히다 보면 어느덧 자신이 성공을 향해 달려가고 있음을 깨닫게 될 것이다.

01

Surprise_ 생동감 감탄사로 반응하라

자기를 사랑하고 존중하는 마음, 즉 자존감은 삶에 활기를 불어넣고 자신감을 솟아나게 한다. 가까운 사람들에게 긍정적인 피드백을 받았을 때 자신에 대한 믿음이 커지고 자신이 가진 가치가 중요해지면서 자존감이 높아진다. 그래서 자존감이 높아지면 더불어 자신감도 커지는 것이다.

자신의 자존감을 인정받는 것만큼 중요한 것이 상대방의 자존감을 인정해 주는 것인데, 상대방의 자존감을 높여 주는 가장 좋은 방법은 '공감' 하는 것이다. 상대방의 말에 귀 기울이고 열정적으로 반응한다면 그 사람은 자존감을 회복하면서 당신에게 마음을 열 것이다.

살아 있는 사람만이 춤출 수 있다

"강사님, 어떻게 하면 성공할 수 있나요?"

"성공이요? 진심으로 상대방을 좋아하면 됩니다."

"네? 그냥 상대방을 좋아하기만 하면 성공할 수 있다고요? 에이, 그런 게 어디 있어요. 마음만 가지고 성공하면 누가 못하게요."

"그런 말이 있습니다. 자기가 잘되기를 바라는 마음보다 100배 더 강한 힘은, 누군가 그 사람이 잘되기를 바라는 마음이라고요. 어떤 사람을 진심으로 좋아하고 잘 대해주면 그 사람은 당신이 잘되기를 바랄 것입니다. 하나라도 더 도와주려고 하고, 누군가를 만나서도 당신 칭찬을 할 것입니다. 그것이 바로 성공의 밑거름이 되는 것입니다."

"아, 그런 깊은 뜻이 있었군요."

"사람들은 다 자기가 잘되기를 바라지만, 반면 누군가가 잘되기를 바라는 사람은 많지 않아요. 오히려 '사촌이 땅을 사면 배가 아프다' 라는 말처럼 다른 사람이 잘되면 시기하고 질투하지요. 자기가 잘되기를 바라지 말고 상대방이 잘되기를 진심으로 바라세요. 그러면 당신은 분명 성공할 것입니다."

누군가를 진심으로 좋아해 본 경험이 있을 것이다. 그래서 맛있는 것을 먹을 때 제일 먼저 생각하고, 좋은 곳에 가면 함께 오지 못한 것을 안타까워하며, 일 분 일 초라도 더 함께 있고 싶어서 안달하던 경험 말이다. 내 마음이 그렇게 뛸 때는 상대방에게 굳이 고백하지 않아도 된다. 말하지 않아도 알게 되어 있다. 표정에서, 사소한 행동에서 다 드러난다.

퇴근하고 집에 돌아갔을 때, 발소리만 듣고도 문 앞에 나와 꼬리를 흔들며 기다리고 있다가 현관문을 열고 들어서자마자 유난한 환영 세리머니로 혼을 쏙 빼놓는 강아지를 보면서 '아, 나를 많이 기다렸구나!' 하고 생각과 더불어 '이렇게 나를 좋아하는데 어떻게 미워할 수가 있겠어!' 하는 생각이 동시에 든다. 말하지 않아도 강아지가 나를 얼마나 좋아하는지 충분히 알 수 있다.

그 반대의 경우도 마찬가지다. 나와 관계가 안 좋은 사람을 만나면 아무 말도 하지 않아도 기분이 가라앉고 마음이 무거워진다. 빨리 헤어지고 싶고, 다시 만나고 싶은 마음도 없다. 내 기분이 그렇다면 상대방도 마찬가지일 것이다.

사람은 자신을 반기는 사람을 좋아하게 되어 있다. 그래서 나는 말한다. '아무리 바쁘더라도 누군가를 만나 인사를 나눌 때는 눈을 맞추고, 가볍게라도 악수를 하라' 라고 말이다. 조금 더 시간이 되어서 대화를 할 수 있는 상황이라면 그 사람의 장점을 찾아 칭찬해 주는 것이 좋다. '칭찬' 은 상대방의 마음을 여는 만능키다. 단, 사람을 반가워하는 마음, 상대방에 대한 칭찬에는 진심이 담겨야 한다. 진심이 없으면 오히려 역효과가 난다.

외국인들이 우리나라에 와서 가장 놀라는 일이 있다.

"사람들이 왜 다 화가 나 있지요? 무슨 일이 있나요?"

우리나라 사람들은 얼굴에 희로애락의 감정을 드러내는 데 인색하다. 그래서 웃음이 나도 참고, 슬퍼도 참고, 화가 나도 참는다. 자신의 감정을 얼굴에 드러내는 사람은 인격 수양이 덜 되었거나 미숙한 사람으로 취급받기 쉽다. 어릴 때부터 그렇게 교육받았기에 무표정한 채 굳은 얼굴로 있는 것을 더 편하게 여긴다.

강의를 갔을 때 힘든 점이 바로 그것이다. 질문을 해도 대답하는 사람이 없고, 강의에 대한 호응도 없다. 중간 중간에 "이럴 때 박수 한 번 치셔야 하는 것 아닙니까?" 하고 옆구리 찔러 절 받기 식으로라도 박수와 웃음을 유도하지 않으면 청중은 팔짱을 낀 채 강의 내내 근엄한 표정을 짓는다. 연극이나 영화를 보러 가서도, 콘서트장에 가서도 마찬가지다.

감정이 얼굴에 드러나지 않으니 도무지 속을 알 수 없고, 상대방이 나와 공감하고 있는지 나에게 얼마나 호응을 보내고 있는지도 판단하기 어렵다. 서양에서는 무표정한 사람을 두고 포커페이스poker face라고 하는데, 우리나라 사람들 앞에서는 포커페이스 조차도 별 의미가 없다.

뉴스를 보니, 운전하다 말고 차에서 뛰어내려 상대방과 멱살잡이를 하는 사람이 많다고 한다. 분노를 참지 못해 위아래 층에 사는 사람들끼리 칼부림을 하고, 폭력의 강도가 점점 심해진다. 꼭꼭 눌러두었던 감정이 일순간 폭발하기 때문에 일어나는 현상이다. 맘껏 웃고, 박수 치고, 서로 행복을 나누다 보면 그런 폭력성이 줄어들 것이다. 감탄하고, 기립박수를 보내는 데 감정을 허용한다면 긍정적인 감정들이 증폭되면서 사람들과의 관계가 좋아진다.

감정을 가슴속에 꼭꼭 숨겨두지 말고 점잖 빼는 행동은 20세기로 끝내는 게 맞다. 적어도 21세기를 사는 사람이라면 흘러나오는 음악에 맞춰 엉덩이를 흔들 수 있어야 한다. 어린아이와 같은 호기심으로 감탄하며 세상을 바라보면 곧 세상이 당신을 향해 감탄하게 될 것이다.

공감할 때 존재감이 생긴다

미국의 토크쇼 진행자 오프라 윈프리는 상대방의 존재감을 크게 일깨워 주며 사람들에게 감동을 전달하는 데 탁월한 재능을 가지고 있다. 〈오프라 윈프리Oprah Winfrey 쇼〉를 보면 그녀는 게스트의 말에 집중하면서, 게스트가 말할 때마다 추임새를 넣듯 반응한다.

"진짜요? 그런 어마어마한 일이 당신에게 일어났다는 거예요?"
"맙소사! 당신 마음이 어땠을지 알 수 있을 것 같아요."
"저런, 난 당신을 이해해요."

그녀의 반응에 게스트들은 용기를 내서 자신의 이야기를 한다. 동정이 아니라 공감을 통해 상대방의 마음을 여는 것이다.

1986년 9월 〈오프라 윈프리 쇼〉 첫 방송을 녹화한 날, 녹화장을 발칵 뒤집어 놓은 사건이 발생했다. 첫 게스트는 오랫동안 아버지로부터 성폭행을 당해 온 여자였다. 그녀는 어렵게 입을 열었지만 아픈 기억을 털어놓지 못한 채 주저했고, 그 때문에 방송 진행이 매끄럽지 못했다. 힘겹게 이어지던 대화가 중간에 끊겨 버리며 어색한 분위기로 가라앉자 스태프들은 어쩔 줄 모르며 우왕좌왕했다.

그때였다.

"사실…… 나도 그랬어요."

오프라 윈프리의 떨리는 목소리가 마이크를 타고 흘러나왔다. 순간 스튜디오에는 정적이 흘렀다. 그리고 잠시 뒤 방청석이 술렁거리기 시작했다.

"뭐야, 방송사고야?"

"오프라 윈프리가 말했어. 자기도 그렇다고!"

사람들의 술렁거리는 소리 사이로 오프라 윈프리의 목소리가 이어졌다.

"아홉 살 때였어요. 사촌에게 성폭행을 당했지요. 열네 살 때는 원하지 않는 임신을 해서 가출소녀 쉼터를 전전하며 살았어요. 하지만 아이는 태어난 지 2주 만에 하늘나라로 떠났어요. 나도 당신과 같은 약자였어요."

오프라 윈프리가 한 뜻밖의 고백에 게스트는 마음을 열고 용기를 얻어 마침내 자신의 이야기를 이어 가기 시작했다. 마치 고해성사를 하듯 차분하게 과거의 상처를 하나씩 꺼내 놓을 때마다 스튜디오는 울음바다가 되었다. 이후 〈오프라 윈프리 쇼〉는 고백적 형태의 미디어 커뮤니케이션을 만들어내면서 사람들의 폭발적인 주목을 받았다.

오프라 윈프리는 게스트들에게 고백을 강요하거나 도덕적인 훈계를 하지 않았다. 가식 없는 질문, 허를 찌르는 유머로 게스트들을 편안하게 다독이고 그들이 슬픈 이야기를 할 때면 어깨를 감싸 안은 채 같이 흐느껴 울었다. 그녀의 쇼에 초대되었던 게스트들은 녹화를 마치고 돌아가면서 말했다.

"방송 녹화를 하고 집으로 돌아가는 게 아니라 깊은 상처를 치유받고 돌아가는 기분이에요."

오프라 윈프리는 게스트들과 공감했고, 그들의 존재가 외면받지 않도록 지지해 주었다. 아마 그녀의 공감이 없었더라면 게스트들은 자신의 고백이 부끄러웠을 테고 그 일로 더 큰 상처를 받았을 것이다. 오프라 윈프리가 대단한 이유는, 그녀가 상대방의 존재감을 긍정적으로 바꾸어 주었다는 데 있다.

존재감을 인정받는 기쁨

강의를 마치고 돌아왔을 때 내 표정이 어두우면 아내는 옆구리를 쿡 찌르며 한마디 한다.

"오늘 강의 호응이 별로였구나?"

그러면 나는 성적표를 감추려다 엄마에게 딱 걸린 아이처럼 당혹감을 감추지 못한다.

"아니, 그게 아니라……. 사람들이 너무 많고 장소도 시끄러워서……."

"어쨌든 사람들이 당신 말에 귀 기울이지 않았고, 당신도 사람들한테 주목받지 못한 거 아냐. 그래서 기운이 없는 거고."

사람들이 내 말을 관심 있게 들어 주고 몸짓 하나에 반응을 보일 때 내가 가장 신이 난다는 것을 아내는 알고 있는 것이다.

"기운이 없긴 무슨!"

"당신 표정만 봐도 알지. 그래, 오늘 강연장에는 몇 명이나 왔어? 강의 주제는 뭐였어?"

아내가 내 일에 관심을 갖고 물어주면 차츰 기분이 좋아지면서 기운이 솟는다.

비단 이것이 나만의 경우일까? 사람마다 정도의 차이는 있지만, 누구나 다 상대방이 열정적으로 반응하고 공감할 때 자존감이 높아지면서 기운이 난다. 친구들 중에는 '요리사들은 집에서 절대 요리 안 한다던데, 너는 일 안 할 때도 말하는 것을 좋아하는구나!' 하고 웃으며 말하는 사람이 가끔 있다.

말을 많이 하는 직업이다 보니 목이 아플 때가 많다. 그래서 일하지 않을 때는 가급적 목을 쓰지 않으려고 노력한다. 그리고 사람이 많은 곳에 가기보다 혼자 조용히 앉아 책 읽는 것을 가장 좋아한다. 그러나 '제 버릇 개 못 준다'라는 속담처럼, 사람들이 모인 장소에 가기만 하면 할 얘기가 많아진다. 사람들이 잘못 알고 있는 사실이나 편견, 왜곡된 정보 등을 바로잡아주고 싶어서 가만히 있을 수가 없다.

말 많은 내가 가장 보람을 느낄 때는, 사람들이 반응하고 변화하는 것을 지켜볼 때다. 알지 못하던 것을 새롭게 알게 되어 고개를 끄덕이고, 잘못 알았던 것을 바로 알게 되면서 감탄의 박수를 치고, 새로운 지식을 바탕으로 마음이 변화하고, 마음이 변화함에 따라 행동이 변화하는 사람을 옆에서 지켜보면 마음 한구석에서 뿌듯함이 생겨난다.

그리고 '아, 내가 할 일을 제대로 했구나!' 하면서 나의 존재감을 확실하게 느낀다.

'백아절현伯牙絕絃'의 고사를 보면, 타인에게 자신의 존재를 인정받는 것이 얼마나 중요한 일인지 알 수 있다.

초나라 고관 중 거문고 연주에 능한 백아伯牙라는 사람이 있었다. 그리고 백아에게는 자신의 음악을 정확하게 이해해 주는 절친한 친구 종자기鍾子期가 있었다. 백아가 거문고 연주로 높은 산들을 표현하면 종자기는 "하늘 높이 우뚝 솟은 태산처럼 웅장하구나"라고 말했고, 일렁이는 큰 강을 표현하면 "도도하게 흐르는 강물이 마치 황하 같구나"라고 하며 응수했다고 한다.

한번은 두 사람이 산으로 꽃놀이를 가는 도중 갑자기 비가 내렸다. 급히 가까운 동굴로 몸을 피했는데 시간이 지나도 비가 그치지 않자 백아가 거문고를 꺼내 연주하기 시작했다. 처음에는 후드득후드득 비가 내리는 곡으로 시작했다가 빗줄기가 점점 굵어지면서 마침내 산이 와르르 무너지는 곡을 연주했는데, 곡이 변할 때마다 종자기는 그 느낌을 정확히 짚어 내며 감탄을 했다. 백아가 거문고를 연주하는 뛰어난 실력을 가졌다면 종자기는 백아의 연주를 정확하게 이해하고 감상하는 능력을 지녔던 것이다.

그러나 하늘이 두 사람의 우정을 시샘한 것인지, 종자기가 병에 걸려 젊은 나이에 세상을 뜨고 말았다. 그러자 백아는 애통해하며 자신이 그렇게 나 아끼던 거문고의 줄을 끊어 버렸고 이후 다시는 거문고를 연주하지 않았다고 한다. 자신의 연주를 이해하고 알아주는 사람이 이 세상에 더 이상 없으니 연주하는 것이 무의미하다고 생각했기 때문이다.

백아가 거문고의 줄을 끊으며 종자기의 죽음을 슬퍼했다고 하여, 이후 '백아절현伯牙絶絃'이라는 말이 생겼다. 존재감을 인정받는다는 것은 이처럼 자신의 모든 것과 맞바꿀 만한 가치 있는 일이다.

교만이 아닌, 균형 잡힌 자존감이란

"낮은 자존감은 계속 브레이크를 밟으며 운전하는 것과 같다."

미국의 심리학자 맥스웰 몰츠Maxwell Maltz는 자존감에 대해 이렇게 말했다. 브레이크를 밟으면 차는 멈춰 선다. 운전을 하면서 계속 브레이크를 밟는다면 원하는 목적지를 갈 수 없다. 자존감이 낮다는 것은 이와 같아서, 무슨 일을 할 때 앞으로 나아가지 못하고 늘 지지부진하며 주변 사람 눈치 보기에 바쁘다.

자존감이란 자신을 사랑하고 존중하는 마음이다. 자존감이 높은 사람은 어디서든 자신감이 넘치고 당당하게 자신의 의견을 이야기한다. 그리고 다른 사람의 말에 휘둘려 고민하거나 결정하지 못해 안절부절못하는 일도 없다.

사람들은 흔히 자신감과 자존감을 혼동하는데, 둘 사이에는 차이가 있다. 먼저, 자신감은 '무언가를 할 수 있다', '경기에서 이길 수 있다' 혹은 '잘할 수 있다' 등 자신에 대한 느낌이다.

그러나 자존감은 스스로 가치 있는 존재임을 알고, 인생의 역경에 맞서 이겨낼 수 있는 자신의 능력을 믿으며, 자신의 노력에 따라 삶에서 뭔가를 이루어낼 수 있다는 일종의 자기 확신이다. 다시 말해, 자존감은 '나는 삶을 훌륭하게 만들어갈 수 있지만, 뭔가를 하지 못하더라도 나는 충분히 사랑스러운 존재다' 라고 생각하는 것이다.

사람들은 실수하거나 곤경에 빠졌을 때 자책하기 마련이다. 자존감이 낮은 사람은 자신감 또한 낮기 때문에 자신에 대한 실망감도 다른 사람보다 더 크고, 다른 사람의 말에 쉽게 휘둘리며, 자신이 정말 잘하고 있는지 끊임없이 의심한다. 자신을 믿지 못하는 사람은 자존감이 낮은 사람이다.

자존감과 자신감은 서로 다르지만 끊으려고 해도 끊을 수 없는 관계로, 자존감이 높아지면 자신감이 생기고 자존감이 낮아지면 자신감도 줄어드는 것을 알 수 있다.

그렇지만 자존감이 높다고 해서 다 좋은 것만은 아니다. 지나치게 자존감이 높은 사람은 타인을 무시하고 오만하며 제멋대로인 경우가 있다. 배려 없는 자존감은 그 사람을 외롭게 만든다. 극단적인 자존감보다는 적당한 선에서 자기를 지키고 사랑할 줄 아는 균형감을 갖는 것이 중요하다.

균형 있는 자존감은 자신을 공정하고 정확하게 바라볼 줄 아는 데서 만들어진다. 자신의 장점과 가치를 잘 알고 자신을 긍정적으로 평가하는 면이 있지만, 자신이 완벽하지 않으며 어떤 점이 부족한지를 알 때 자존감이 균형을 이룬다.

삶은 자기 자신을 찾는 여정이 아니라 자기 자신을 만드는 과정이라고 한다. 그 과정에서 자존감이 없다면 완전한 자신의 모습을 갖추기가 힘들 것이다. 다른 사람이 아닌 자기 자신을 만드는 일, 그것은 자존감으로 완성된다. 그리고 자존감이 있어야만 다른 이를 위해 마음에서 우러나오는 박수를 보낼 수 있고 감탄사를 연발할 수 있다.

"당신은 다만 당신이란 이유만으로도 사랑과 존중을 받을 자격이 있다"라고 한 앤드류 매튜스Andrew Matthews의 말처럼, '무엇무엇 때문에'가 아니라 그냥 '나'이기에 사랑하고 존중해 주어야 한다.

대한민국 헌법 제1조

1항 대한민국은 민주공화국이다.
2항 대한민국의 주권은 국민에게 있고, 모든 권력은 국민으로부터 나온다.
3항 대한민국 모든 여자의 변신은 무죄다?

언제 법이 바뀌었느냐고 반문하진 않을 것이다. 수준 높은 유머로 생각해주면 된다.

감탄만 잘하는 것도 중요하지만 왜 특히 여자의 변신은 무죄인가? 동서양을 통틀어 수만 년 동안 변하지 않은 것. 프로포즈는 남자가 한다는 것인데 물론 예외의 경우도 있다지만 그래도 적극적으로 사랑을 표현하는 것은 수컷이고 암컷은 수동적인 성향을 보이는 것이 보편적이다.

당신도 내면과 외면을 변화시켜 매력을 유지시켜 다른 이가 감탄을 하게 해야 하며 어찌 보면 냉장고에 신선도를 유지하는 등푸른 생선처럼 먹고 싶어야 한다. 첫눈에 반했다, 눈에 콩깍지가 씌었다, 사랑이라는 것도 따지고 보면 몇 가지 화학물질, 즉 호르몬의 작용에 의해 생기는 것이고 중요한 건 이 사랑의 아래 4가지 마법 약의 유효기간이 3년을 못 가서 식어 버린다는 것이다.

1. 도파민

사람이 첫눈에 상대에게 반하여 사랑에 빠지는 시간은 0.1초라는 눈 깜짝할 사이다. 서로 원수 집안인데도 첫눈에 반해서 죽음도 갈라놓지 못한 로미오와 줄리엣의 사랑처럼, 도파민이라는 호르몬은 이성을 마비시키는 작용을 하여 이성적이고 논리적인 사고도 필요 없게 한다.

2. 페닐에틸아민 호르몬

밸런타인데이에 초콜릿을 주고받는 이유는 사랑이 더 깊어지면 도파민뿐만 아니라 페닐에틸아민 호르몬도 분비되기 때문이다. 페닐에틸아민 수치가 높아지면 사랑하는 이에 대한 애정과 사랑이 퐁퐁 솟아나게 된다.

3. 옥시토신 호르몬

옥시토신은 뇌하수체에서 분비되는 호르몬으로 분만 후 자궁 수축에 관여하는 호르몬으로 알려져 있다. 출산뿐만 아니라 산모가 아기에게 모유를 수유할 때에도 분비되어서 아기와 엄마가 친밀감을 형성시켜주는 물질로 잘 알려져 있다. 심지어는 체중조절에도 효과가 있다고 알려지고 있고 여성에서 스트레스를 해소하는 데 가장 중요한 역할을 하는 호르몬이다.

이 호르몬은 사랑의 감정을 일으키는 데 중요한 역할을 하는 것으로 알려지고 있다. 포옹, 키스 등의 신체 접촉을 했을 때 이 호르몬의 분비가 급격히 늘어나며, 사랑하는 상대와 내가 하나가 되는 느낌이 든다.

4. 엔도르핀

슬픔과 통증을 잊게 하고 쾌락, 극치감, 오르가즘을 느끼게 하는 것이 바로 엔도르핀인데, 이런 엔도르핀이 사랑하는 과정에서 분비되어 상대방에게 신비한 황홀감을 느끼게 하는 것이다.

그러면 어떤 대책이 있는가? 3년 내 사랑이 식는다 해도 같은 유전자 배열을 갖고 아이가 태어나 부부 사이를 지속시켜 주지만 그래도 사랑을 받는 입장의 여성은 변화해야 한다.

절대로 배 나오고 널브러져 푹 퍼진 아줌마로 있지 말아야 한다. 머리를 길게도 짧게 해보고, 노랑머리 갈색머리 등 염색을 통해서라도 주기적으로 변신하라. 남자는 시각적 보이는 대로 느낀다. 그래서 여자의 변신은 무죄다.

자존감을 높이는 10가지 원칙

1. 긍정적으로 생각하기

어떠한 현상을 보더라도 좀 더 긍정적인 시선으로 바라볼 것!

유명한 예를 하나 들면, 물 컵에 물이 반 정도 들어 있는 것을 보고 부정적인 사람은 "물이 반 밖에 없네"라고 말하지만, 긍정적인 사람은 "물이 반이나 남아 있네! "라고 말한다.

이렇게 같은 사물을 앞에 두고서도 생각에 따라 그것이 다르게 보인다. 부정적인 생각은 사람을 지치고 쉽게 포기하게 만드는 일등공신(一等功臣)이고, 낙관적이고 긍정적인 생각은 자존감을 높이는 초석(礎石)이 된다.

2. 남과 비교하지 않기

사람마다 타고난 재능과 환경이 다르다. 그리고 누구에게나 장단점이 있다. '비교'라는 것은 동일한 조건 하에 이루어지는 것이니, 서로 다른 조건을 가지고 있는 사람끼리 비교하는 것은 옳지 않다.

예를 들어 '2천만 원대 경유 자동차 중 연비가 가장 좋은 것은 어느 브랜드인가?' 라는 질문은 비교 대상이 되지만, '2천만 원짜리 자동차와 2천만 원짜리 자전거 중 어느 것이 더 빠른가?' 라는 비교는 할 수 없다는 말이다.

자전거와 자동차가 도로를 함께 달렸을 때는 당연히 자동차가 빠르지만, 비포장 산길을 달리는 데는 아무리 좋은 자동차라고 해도 산악자전거를 따라올 수 없다. 쓰임과 조건이 서로 다른 것은 비교 대상이 아니다. 그때는 서로의 장점을 잘 살릴 수 있는 환경이 무엇인지를 찾는 것이 관건이다.

사람도 마찬가지다. 남과 비교하는 것은 처음부터 조건에서 어긋나는 일이다. 그러므로 자신의 장점을 십분 발휘할 수 있는 방법을 찾고 그것을 위해 노력하는 것이 최선이다.

3. 욕구에 솔직해지기

정서적 욕구, 물질적 욕구, 직업적 욕구, 성적인 욕구 등 살면서 느끼는 다양한 감정들이 있다. '욕구'는 무엇을 열심히, 잘하고자 하는 의욕에서 비롯된다. 이것은 나쁜 것이 아니므로 부끄러워하거나 피하지 말고, 가능하면 능동적으로 충족시키는 것이 좋다.

욕구는 자신의 가치, 자신에 대한 인식과 비례한다고 한다. 그래서 욕구를 억누르거나 무시하다 보면 자존감이 떨어진다는 연구 결과가 있다. 자존감 회복을 위해서라도 자신의 감정에 솔직해지는 것이 중요하다.

4. 하루하루 목표 정하기

"오늘 하루도 열심히 살자"라는 목표는 공허한 구호에 지나지 않는다. 구체적인 목적이 없기 때문이다. "오늘은 하반기 매출 계획을 완벽하게 작성해서 부장님께 결재를 받자"라든가 "이번 주 수요일까지, 다용도실을 청소하고 그곳에 수납 선반을 설치한다" 등 목표는 구체적인 내용이 있어야 한다.

목표는 거창하지 않아도 된다. 쉽고 가벼운 목표를 정한 다음 하나하나 이루어 나가다 보면 그것이 어느덧 커져 있음을 알게 될 것이다. 그렇게 하면서 점점 더 큰 목표를 향해서 쉽게 나아갈 수 있고 자신이 바라던 이상향에 가까워질 것이다.

"천 리 길도 한 걸음부터"라는 말이 있지 않은가. 한 걸음을 떼지 못하면 천 리 길은 어림도 없다. 모든 것은 한 걸음으로부터 시작된다는 사실을 명심하라.

5. 새로운 것에 도전하기

익숙한 것에 안주하다 보면 세상일이 당연하게 생각되고 감사한 마음이 사라진다. 그리고 나태해지기 십상이다. 이때 새로운 것에 대한 도전은 주위를 환기하고 잠재력을 증폭하는 역할을 한다. 그래서 한 단계 성장하는 데 큰 도움이 된다.

새로운 환경, 새로운 직장, 새로운 친구, 새로운 책 등 평소에 본인에게 익숙한 것이 아닌 것, 관심이 없었거나 평소 주저하던 것에 도전해 보자.

6. 솔직하고 정직하게 살기

인격, 즉 사람의 됨됨이는 자존감의 근원이자 그 사람을 단적으로 나타내는 면모다. 자신이 한 말에 책임을 지지 못하거나 거짓말을 한다면 주변으로부터 지탄을 받는 것은 물론이고 자기 스스로도 실망하게 된다. 그래서 자신을 원망하고 자책하게 되며 자신의 가치를 낮게 평가한다. 그러므로 자존감을 높이려면 늘 솔직하고 정직한 언행과 행동을 하는 것이 중요하다.

7. 내 존재감 알리기

'나는 누군가에게 가치 있는 사람이다', '나는 이 분야에서 중요한 사람이다' 라는 생각을 하는 것이 중요하다. 자만이 지나치면 꼴불견이지만 적정선을 넘지 않는 자만심은 자존감을 높이는 데 도움이 된다.

스스로 자존감을 높이는 것만큼 중요한 것이, 그룹 내에서 존재감을 인정받는 것이다. 멤버십이 강하고 그룹이 지향하는 가치에 부합하는 사람, 그 사람이야말로 그룹 내에서 빛이 나는 사람이 아닐까.

8. 객관적으로 생각하기

자신을 객관적으로 바라보기란 매우 어렵다. 그러나 스스로 비하하지 않고 내세우지도 않으며 있는 그대로 자신을 바라본다면, 다른 사람을 바라볼 때도 객관적인 시각을 적용할 수 있다. 객관적이고 공정할 때 성공으로 가는 길이 보다 탄탄해진다.

자신을 객관적으로 바라보기 위해서는 혼자만의 시간, 조용히 생각하는 시간을 많이 가지는 것이 좋다. 사람들과 만나 외부에서 답을 찾으려 하지 말고, 자신과의 대화와 사색을 통해 본모습을 있는 그대로 보는 연습을 하라.

9. 너무 깊이 반성하지 않기

어떤 일에 대해 반성을 하는 이유는 잘못이나 부족함이 없는지 돌이켜 봄으로써 자신이 한 일에 책임을 지고 똑같은 실수를 하지 않기 위해서다. 그 궁극의 목적은 자신을 책망하고 책임을 따져 벌을 주려는 것이 아니라 더 나은 삶을 만들어 가는 데 있다.

그러므로 반성은 확실하고 짧게 끝내는 것이 좋다. '내가 왜 그때 그렇게 말했을까?', '내가 실수만 하지 않았어도……', '나 때문이야' 하는 식으로 자책하는 시간이 길어지면 우울해지고, 자존심이 낮아지고, 비관적으로 변할 수 있다. 한 번의 잘못에 너무 많은 의미를 부여하지 말고, 그것을 발전의 계기로 삼아라. 그것이 반성의 궁극적인 목적이라는 점을 잊지 마라.

10. 스스로 칭찬하고 자신의 장점을 말해 보기

'칭찬을 들은 적이 언제지?' 하고 생각해 보면 그 기억이 가물가물하다. 어릴 때는 씩씩하게 대답을 잘한다고 칭찬을 듣고, 심부름을 잘해도 칭찬을 듣고, 하물며 화장실에 가서 볼일을 보고 물을 잘 내린 것만 가지고도 칭찬을 들었다. 사소한 것에 대해 칭찬을 들으며 자랐다.

그런데 어느 순간 나를 칭찬해 주는 사람이 없어졌다. 어른이 된 지금은 무엇이든 잘하는 것이 당연하고, 조금이라도 실수하거나 미흡하면 손가락질 받는다. 사람들은 내가 무엇을 잘 하는지보다 무엇이 부족하고 어떤 것을 못하는지에 더 관심이 있다. 그러니 다른 사람이 칭찬해 주기를 기다리지 말고 스스로 자신을 칭찬해 보자. 잘한 일이나 좋은 점을 스스로 칭찬하다 보면 기분이 좋아지고 자존감도 높아진다. 어릴 때처럼 사소한 일에도 칭찬 받는 사람이 되어 보자. 사소한 일에도 스스로 격려하고 용기를 북돋워 보자.

02

Sun_신념

한 번뿐인 삶에서 스스로 빛나라

지구에 사는 모든 생명은 태양 없이 살아갈 수 없다. 태양이 약 6,000도의 온도로 밤낮 없이 빛나는 덕분에 생명은 에너지를 얻고 성장하며 번식한다. 지구뿐만 아니라 우리 은하계의 모든 행성이 태양의 영향을 받으면서 존재한다.

만약 태양이 빛나지 않는다면 지구와 우리 은하계는 하루아침에 암흑 속으로 빠질 것이며 생명도 사라져 버릴 것이다. 태양이 변함없이 제자리에서 빛나고 있다는 것은 축복이자 희망이다.

세상에는 태양과 같은 사람이 많이 필요하다. 누군가 긍정적인 에너지를 품고 태양처럼 꼿꼿하게 자신의 길을 걸어간다면, 그 덕분에 더 많은 사람이 행복한 삶을 살아갈 것이다

공짜로 퍼주는 태양

"세상에 공짜가 어디 있어?"

이 말은 우리나라뿐만 아니라 미국, 중국, 일본 등 세계 어느 나라에서든 경구처럼 통하는 말이다. 말 그대로 이 세상에 공짜가 없기 때문에 그런가 보다.

중국 고대의 학자 한비자는 "인간의 마음을 움직이는 것은 애정도, 인정도, 배려도 아니다. 그것은 '나에게 이익이 되느냐' 하는 것이다. 자신에게 이익이 될 때 사람은 주저함 없이 움직인다"라고 말했다.

그는 자신의 주장을 펼치며 다음과 같이 설명을 덧붙였다.

"하인이 주인을 위하여 일하는 것은, 그가 충실하기 때문이 아니라 일에 대한 보수를 받기 때문이다. 마찬가지로 주인이 하인을 잘 대우하는 것은 그가 친절하기 때문이 아니라 하인이 열심히 일하기를 바라기 때문이다. 그러므로 그들의 생각은 이용 가치에 집중되고, 서로 자기의 이익만을 도모한다."

사람은 이기적 목적으로 주고받는다. 이해관계가 맞으면 낯선 사람이라 할지라도 서로 화목하게 살 것이고, 이해가 충돌한다면 아비와 자식 사이라도 서로 충돌할 것이다.

뱀장어는 뱀을 닮았고, 누에는 송충이와 흡사하다. 사람들은 뱀을 보면 깜짝 놀라고, 송충이를 보면 소름이 오싹 끼치지만, 고기잡이는 뱀장어를 손으로 주무르고, 여자들은 누에를 손으로 만진다. 이득이 생기기만 하면 사람은 누구나 최고의 용사가 되는 것이다.

수레 만드는 기술자는 사람들이 모두 부귀해지기를 바라고, 관을 짜는 기술자는 사람들이 일찍 죽기만 기다린다. 수레 만드는 사람이 더 착하고 관 만드는 사람이 더 악해서가 아니다. 사람들이 부자가 되지 않으면 수레가 팔리지 않고, 사람들이 죽지 않으면 관이 안 팔린다. 종사하는 일의 업종에 따라 이해타산이 서로 다르다. 이해 때문에 결과적으로 사람이 선해질 수도 악해질 수도 있는 것이다.

법가法家 사상을 집대성한 한비자의 이러한 이론은 어찌 보면 인간미가 없어 보이지만, 법에 기초한 냉철한 이성적 판단에 따라 따져보았을 때 그릇되었다고 말할 수 없다.

인간살이가 이와 같고 세상 이치가 한비자의 이론을 따르고 있지만 여기에 한 가지 예외가 있다. 바로 태양이다. 태양은 아무런 대가 없이 자신의 열기를 나누어 준다. 동물도, 식물도 태양의 무한한 보살핌 속에서 살아간다. 그러기 때문에 태양을 향해 손가락질하는 사람, 태양을 욕하는 사람이 없는 것이다.

성공하여 영광의 자리에 서서 박수를 받고 싶다면, 조건을 버리고 베풀어야 한다. 조건을 내걸고 베푸는 사랑은 누구나 할 수 있다. 그러나 조건을 내려놓는 일은 누구나 하지 못한다. 그리고 그 일을 해냈을 때 성공의 문은 열린다.

굳은 신념으로 역사를 바꾼 사람들

역사에서 존경받는 위인들은 대개 남다른 신념을 가지고 있다.

독일문학의 최고봉으로 손꼽히는 괴테는 무려 60여 년에 걸쳐 《파우스트》를 집필한 집념의 작가로 잘 알려져 있다. 대학을 졸업한 직후에 집필을 시작해서 죽기 바로 직전 해인 1831년에 완성하기까지, 그는 전 생애에 걸친 경험과 철학을 한 편의 희곡에 담았다. 더욱이 괴테는 《파우스트》를 탈고한 뒤 다시 봉투에 넣어 밀봉해 두었기 때문에, 《파우스트》가 세상에 빛을 본 것은 그가 사망한 이후였다.

부유한 집안에서 태어난 괴테는 젊은 시절부터 시, 소설, 희곡 등 다양한 작품 활동을 통해 재능을 인정받았다. 또한 문학가뿐만 아니라 과학자, 정치가로도 활약을 하면서 부족함 없는 삶을 누렸다.

그가 60여 년에 걸쳐 《파우스트》를 집필할 때 사람들은 긴 집필 기간을 두고 '집착'이라고 말했다. 그리고 '도대체 얼마나 대단한 작품을 내놓으려고……' 하면서 비아냥거리는 사람도 있었다. 그러나 괴테는 남들이 뭐라고 하든 개의치 않았다. '《파우스트》를 완성하겠다'라는 실러와의 약속을 지키기 위해 심혈을 기울여 한 자 한 자 써내려 갔던 것이다.

괴테의 전 생애를 바쳤다고 해도 과언이 아닐 정도의 대작인 《파우스트》. 그러기에 지금껏 세계에서 명작으로 읽히고 있는 것인지도 모른다. 만약 괴테가 중간에서 《파우스트》의 집필을 포기했더라면 세계문학사에 길이 남을 최고의 희곡 또한 없었을 것이다.

'불굴의 의지' 란 말과 떼놓을 수 없는 위인이 우리나라 역사 속에도 있다. 바로 성웅聖雄 이순신 장군이다. '성웅' 이란 '지덕知德이 뛰어나 많은 사람이 존경하는 영웅' 을 뜻하는데, 우리 역사에서 '성웅' 이라 불리는 위인은 이순신 장군밖에 없을 정도로 존경을 받고 있다.

이순신 장군은 23전 23승이라는 경이로운 전적으로 유명하다. '무패의 전적' 은 세계 역사상 찾아볼 수 없는 유일무이한 기록인데, 이순신 장군은 뛰어난 지략으로 이러한 전적을 이루어냈다.

특히 12척으로 133척의 왜군 함대를 격파한 명량해전은 해전사에 길이 남을 만한 업적이다. 한산도대첩을 대승으로 이끈 '학익진 전법' 은 전술과 전략의 승리라고 할 수 있는 대표적인 전쟁으로, 이순신 장군의 뛰어난 지략이 돋보이는 전과戰果라고 할 수 있다.

이순신 장군은 우리나라에서 뿐만 아니라 세계에서도 존경을 받는 분이다. 영국의 한 학자는 "이순신 장군은 출신지가 조선이기 때문에 세계적으로 유명하지 않을 수 있다. 그러나 영국에서 태어났더라면 넬슨 장군이 '위대한 장군' 으로 불리는 일은 없었을지도 모른다" 라고 했다.

또 일본의 명장으로 알려진 도고 헤이하치로는 가장 존경하는 인물로 이순신 장군을 손꼽으며, "나를 감히 이순신 제독과 비교하지 마라. 이순신 제독은 전쟁에 관한한 신의 경지에 오르신 분이다. 그분은 전쟁 당시 국가의 지원도 제대로 받지 못한 채 열악한 환경에서 모든 전투를 승리로 이끌었다. 전쟁의 신이자 바다의 신 이순신 제독과 나를 비교하는 것은 신에 대한 모독이다"라고 기자들 앞에서 얘기한 것으로 유명하다.

또 얼마 전에는 미국인 온리 콤판이 《이순신: 전사 그리고 수호자》라는 제목으로 만화를 제작, 세계적으로 이순신 장군을 알리는 일에 앞장서기도 했다. 온리 콤판은 평소 우리나라에 큰 관심을 가지고 있었으며 이순신 장군에 대한 존경심으로 그 일을 시작했다고 한다.

그러나 잘 알려져 있다시피, 이순신 장군은 주변의 시기와 질투로 관직을 잃고 옥고를 겪었으며 백의종군하기도 했다. 이루 말할 수 없는 주변의 방해와 음모 속에서도 이순신 장군은 조선의 장수로서 끝까지 책임을 다하신 것이다. 나라와 백성을 지키겠다는 꿋꿋한 의지와 신념으로 장군은 목숨까지 바쳤다.

만약 이순신 장군이 자신의 안위만을 생각하고 전투에 나가지 않았더라면 우리나라의 역사는 많이 달라졌을 것이다.

습관의 노예로 살아가는 '작심삼일병'

대개 사람들은 새해를 맞으면서 한 해 계획을 세운다. '올해에는 자동차를 바꿔야지, 살을 빼야지, 담배를 끊어야지, 동호회에 가입해서 주말마다 산에 가야지……' 그렇게 계획을 세우고 한 가지 한 가지 실천해갈 때마다 성취감이 커진다.

그러나 문제는 '작심삼일'에 있다. 거창한 계획이든 사소한 계획이든, 습관이나 가치관을 바꿔 나가는 일은 쉽지 않다. 그래서 사람들은 '3, 7, 21법칙'을 얘기한다. 습관을 몸에 익히는 데 있어서 처음 3일이 가장 힘들고, 그 다음 7일이 고비이며, 그렇게 21일을 버티면 몸이 습관으로 기억하게 된다는 법칙이다.

그런데 여기서 끝이 아니다. 3, 7, 21일 다음에는 3개월, 7개월, 21개월 단위로 악마의 유혹이 이어진다. 주변 사람들과의 관계 속에서 일어나는 외적인 요인도 있고, 자기 내면에서 스멀스멀 올라오는 요인도 있다. '적당히'나 '대충'이란 말로 자신과 타협하고, '남들도 다'란 말로 자신을 합리화하려 든다. 그리고 대개가 그런 유혹을 못 견디고 작심삼일의 덫에 걸리고 만다.

그럴 때 단호하게 "안 돼!" 하고 마음을 다잡는 사람이 있다. 가슴속에 강렬한 이유를 품고 있는 사람은 의지가 강할 수밖에 없다. 그래서 대기업의 CEO, 시한부 판정을 받은 환자, 자식의 시험을 앞둔 부모, 인생에서 쓰디

쓴 실패를 맛본 사람들은 누구보다 신념이 대단하다. 그 강렬한 이유가 강력한 의지의 원천이 된다.

여기까지는 누구나 다 아는 이야기다. 그런데 사람들은 다 알고 있으면서 강렬한 이유를 갖지 않는다. 왜냐하면 두렵기 때문이다. 이유를 가진다는 것은 주도한다는 것이고, 주도하는 사람에게는 책임감과 고통이 뒤따른다는 것을 알기에 두려움이 앞서는 것이다. 그러한 두려움이 의지력에 족쇄를 채운다. 다시 말해, 의지력의 가장 큰 방해꾼은 두려움인 것이다.

두려움 때문에 '습관의 노예'로 살아가느냐, 아니면 강렬한 이유를 품고 '습관의 지배자'로 살아가느냐는 그 사람의 선택이다. 그러나 한 가지 확실한 것은, 작심삼일병을 극복하고 습관의 지배자로 살아갈 때 삶이 성공에 한 발 가까워진다는 사실이다.

자신을 믿고 꾸준히 인내하는 사람

"대단한데! 살을 10킬로나 뺐다면서."

"어떻게 단번에 담배를 끊을 수 있지? 대단한 사람이야. 본받아야겠어."

"주말마다 산에 간다고 했을 때 '한두 달 가고 말겠거니' 했는데, 벌써 1년째 꾸준히 다니더라고. 사람 다시 보이는걸."

사람들은 습관을 바꾼 사람의 의지력에 찬사를 보낸다. 살을 빼거나, 담배를 끊거나, 건강을 위해 매주 산에 오르는 등 아주 사소한 습관조차 그것을 바꾸는 일은 말처럼 쉽지 않다. '습관의 지배자'가 되기까지 그들은 끊임없이 갈등하고, 후회하고, 스스로 채찍질해 가면서 조금씩 습관을 몸에 익힌 것이다.

습관이라는 것이 알게 모르게 몸에 익은 것처럼, 습관의 변화 또한 천천히 일어난다. 그리고 이렇듯 사소한 변화를 이뤄낸 사람만이 큰일도 해낼 수 있는 법이다. 왜냐하면 그들은 자신이 목적한 바를 이루기 위해 어떻게 의지를 다져야 하는지 그 방법을 알고 있기 때문이다.

신념이 강한 사람은 의지력이 강하고, 의지력이 강하다는 말은 곧 '자제력이 강하다'라는 말과 같다. 의지력을 사전에서 찾아보면 "어떠한 일을 이루고자 하는 마음을 꿋꿋하게 지켜 나가는 힘"이라고 풀이하고 있다. 그리고 자제력은 "자기의 감정이나 욕망을 스스로 억제하는 힘"이라고 말한다. 자신의 변화가 어떠한 결과를 가지고 올지 확실히 알고 있는 사람은 목표를 위해 자신의 감정을 다스리고 스스로를 컨트롤하는 힘을 가지고 있다. 그래서 자제력이 강하다고 말하는 것이다.

역대 올림픽에서 1위를 가장 많이 한 나라, 금메달을 가장 많이 딴 나라는 단연 미국이다. 그리고 독일, 영국, 프랑스, 이탈리아 등 선진국들이 그 뒤를 잇는다. 그러나 '올림픽의 꽃'으로 일컬어지는 마라톤 경기에서 1, 2위를 다투는 나라는 놀랍게도 케냐와 에티오피아다. 그리고 마라톤 세계 신기록 보유자 또한 케냐의 데니스 키메토 선수다.

도대체 케냐와 에티오피아 선수들에게는 무슨 비밀이 있는 것일까? 세계 최빈국으로 손꼽히는 그 나라에서 어떻게 마라톤 금메달리스트들이 나올 수 있었을까? 한 기자가 그것을 궁금하게 여겨 에티오피아로 선수들을 직접 찾아갔다고 한다.

마라토너의 산실로 알려진 에티오피아의 베코지Bekoji는 해발 2,800미터에 위치한 작은 마을로, 몇 시간만 걸어도 숨 쉬기가 답답할 정도의 고지대였다. 그곳에서 선수들은 영국에서 기증받은 헌 운동화를 신은 채 트랙도 없는 흙길을 쉴 새 없이 뛰고 또 뛰었다. 기자는 열대여섯 살쯤 되어 보이는 한 선수를 붙들고 물어보았다고 한다.

"왜 이렇게 열심히 달리고 있습니까?"

그러자 선수가 대답했다.

"집이 너무 가난해서 학교에 다닐 수가 없었어요. 내가 잘할 수 있는 일이라고는 달리기밖에 없는데 이곳에서는 교육비를 받지 않고 달리기 코치를 해주지요. 만약 올림픽이나 세계선수권대회에 나가서 우승을 하면 인생을 바꿀 수 있어요. 인생을 바꾸려면 열심히 달리는 수밖에 없지요. 열심히 달리지 않으면 결국 내 부모님과 같은 삶을 살 거예요."

"달릴 때 무슨 생각을 합니까?"

"이겨야겠다는 생각만 해요. 반드시 이 경기에서 승리하겠다고요. 그리고 세계대회에 나가서 언젠가는 꼭 1위를 할 수 있을 거라고 믿어요. 그것이 나의 신념입니다."

42.195킬로미터의 길고 긴 코스를 달리는 자신과의 싸움이자 의지의 승리라고 할 수 있는 마라톤 경기에서, 에티오피아의 선수들은 승리에 대한 간절한 이유와 가능성에 대한 믿음을 갖고 있었다. 누가 봐도 열악한 환경에서 훈련하면서도 가장 많은 금메달리스트를 배출할 수 있었던 것은 바로 그러한 이유였다. 마라톤 경기에서 최후의 승자는 발이 빠른 사람이 아니라, 결과에 확신을 가지며 자신을 믿고 꾸준히 인내하는 사람이다.

사람과 사람 사이에서 사람이 하는 일

나는 평소에 "인사人事가 만사萬事"라는 말을 자주 한다. 무슨 일을 함에 있어서 사람을 적재적소에 잘 써야 일이 술술 풀린다는 의미다. 조직이나 단체를 만들 때 리더의 역할도 중요하지만 구성원 한 명 한 명이 어떤 생각과 의지를 가지고 있느냐 또한 중요하다. 결국 사람과 사람 사이에서 사람이 하는 일이므로 성패를 좌우하는 요소는 바로 '사람'이다.

사회활동을 하다 보면 각양각색의 사람들을 만나게 되고 별의별 일을 경험한다. 개중에는 평생의 인연도 있지만 반면 악연도 있으며, 조력자도 있지만 경쟁자도 있다. 사람 때문에 성공하고 사람 때문에 폭삭 망하기도 한다.

그렇다면 어떤 사람을 곁에 두어야 혹은 내가 어떤 사람이 되어야 성공할 수 있을까?

사람을 말하기에 앞서 '휴먼 에너지 법칙' 을 알아야 한다. 모든 에너지는 일정한 법칙에 따라 움직이는데, 사람과 사람 사이의 에너지도 예외는 아니다. 휴먼 에너지는 더하기($+$)가 아니라 곱하기($\times$) 법칙에 따라 작용하며, 절대 소멸되지 않고 부메랑처럼 돌아온다.

예를 들어, 열 명이 모이면 $+10$이 아닌 $\times 10$의 에너지가 만들어진다. 그래서 그들이 같은 방향을 바라보며 함께 노력하면,

$10+10+10+10+10+10+10+10+10+10$이 아닌 $10 \times 10 \times 10 \times 10 \times 10 \times 10 \times 10 \times 10 \times 10 \times 10$의 에너지가 작용한다. '백지장도 맞들면 낫다' 라는 옛 속담처럼, 한 명 한 명의 힘은 비록 작지만 그 힘이 모이면 큰 힘을 발휘하는 것이다.

그 반대의 경우도 마찬가지라서, 사람의 에너지는 빼기($-$)가 아닌 나누기($\div$)로 작용한다. 서로 자기 뜻대로만 일하려 하고, 상대방을 짓밟고서라도 위로 올라가려 하고, 뒷자리에서 험담한다면 그 조직은 산산조각이 나고 만다. 미꾸라지 한 마리가 물을 흐리는 것처럼, 한 사람 때문에 조직이 깨져버리는 경우도 있다. 그만큼 휴먼 에너지는 강력하다.

실패의 원인은 아주 작은 곳에서부터 시작된다. 너무 사소해서 방치해둔 것이 초가삼간을 다 태우는 불씨가 되는 것이다.

나는 오랫동안 사업을 해오면서 치열한 경쟁 속에 살았다. 그리고 참 많은 일을 겪었다.

통신사업을 하던 시절, 실적이 우수한 사람들을 대상으로 하는 해외연수를 다녀온 적이 있다. 부상으로 자동차가 걸려 있었기에, 해외연수를 마치고 돌아오는 발걸음이 가벼웠다. 그런데 해외에서 돌아와 보니 어처구니없는 일이 벌어져 있었다. 자동차는커녕 회사가 공중 분해되어 사라져 버린 것이다.

조직의 그룹장에게 전화를 걸어보았지만 연결이 되지 않았다. 도대체 이게 어떻게 된 일인지를 알아보기 위해 같이 일하던 사람들에게 일일이 전화를 해보았지만 아무와도 연락이 되지 않았다.

그러나 세상은 좁고 소문은 빠른 법이다.

알음알음으로 듣게 된 소식은, 회사가 공중 분해되기 전에 그룹장이 사람들을 포섭하여 다른 회사로 대거 이직했고, 그 대가로 그룹장은 큰 보수와 높은 자리를 얻게 되었다는 것이다. 해외에서 연수를 받고 있던 나만 결국 '토사구팽兔死狗烹'의 희생양이 되고 말았다.

배신감과 더불어 혼자 버려진 기분은 뭐라 설명할 수 없을 만큼 큰 좌절감을 안겨주었다. 당장 그룹장을 찾아가 멱살이라도 잡고 싶은 심정이었다. 그리고 그 일이 상처가 되어 그들과는 연락을 끊어 버렸다. 그러나 꼼수와 비리로 시작한 일이 끝이 좋을 리 없었다. 그룹장과 동료들이 옮겨간 회사는 2년 만에 또다시 문을 닫고 말았던 것이다.

또 한 번은 이런 일도 있었다. 화장품 회사에 다닐 때였는데, 여성 직급자 중 한 명이 유사 수신 행위로 비리를 저지르고 있다는 정보를 듣게 되었다. 알게 모르게, 업계에서 그런 일이 벌어지고 있다는 사실을 잘 알고 있었기에 잘못을 확실히 바로잡기로 마음먹었다. 그래서 지사 게시판에 그녀의 이름을 공지하고 출입을 금지하도록 조치했다.

그런데 얼마 후 그 직급자가 들이닥치더니 다짜고짜 따귀를 올려붙였다. 고막이 터진 것처럼 귀가 웽웽거리고 볼이 화끈화끈했다. 순식간에 일어난 일이기에 당황스러웠다. 그녀는 한바탕 욕설을 쏟아부으며 화풀이를 한 뒤 사무실을 폭풍처럼 휩쓸고 가 버렸다. 잘못했다고, 다시는 그런 일이 없도록 하겠다고 무릎 꿇고 빌어도 시원찮을 판에 이게 무슨 일인가 싶었다. 억울하고 화가 났다. 그러나 이미 그녀는 떠났고 이미 맞은 뺨을 안 맞은 것으로 되돌릴 수도 없었다.

사실 성공을 향해 열려 있는 길을 걸어가는 것은 그리 어렵지 않다. 그러나 그 길 앞에 놓인 온갖 시련이 자꾸 발목을 잡는다. 잘될 만하면 주변에서 딴지 거는 사람이 나타나고, 이제 고비를 넘겼으려니 하고 한숨을 내쉬는 순간 또 다른 사건사고가 터진다. 그 때문에 흔들리고 좌절하다가 마침내 "나는 안 돼!" 하고 포기하게 된다.

그러나 이러한 상황에서 의지력이 강한 사람은 좌절하거나 포기하지 않고, 다른 사람에게서 부정적인 영향을 받기보다 다른 사람에게 긍정적인 영향을 미친다. 그리고 마침내 목적한 바를 이루고야 만다. 이유 혹은 목적이 확실하기에, 맞닥뜨린 고난이 아무리 크고 험하다 해도 그 앞에서 의지를 꺾을 수 없는 것이다.

열심히 운동을 하면 근육이 강화되는 것처럼, 우리의 의지력도 역경을 반복하고 이겨내는 동안 조금씩 단련된다. 운동을 꾸준히 이어가듯, 의지가 나약해질 때마다 의지를 단련하는 노력도 계속해야 한다.

신념은 사람이 사람답게 살 수 있는 힘이다

르네상스 시대의 천재 미술가 레오나르도 다빈치는 이렇게 말했다.

"사람이 사람답게 살 수 있는 힘은 오직 신념에서 나온다. 물그릇이 있어야 물을 뜰 수 있다. 신념이란 바로 그런 물그릇이다."

신념이 강한 사람은 다른 사람에게 의존하지 않고 스스로 존중하며, 자신을 비하하거나 자학하지 않는다. 꿋꿋하게 자신을 지킬 줄 알기 때문에 다른 사람이나 일에 휘둘리지 않고 집착하지도 않는다. 레오나르도 다빈치는 이렇듯 온전히 자신으로 살아가는 것을 '사람답게 산다' 라고 말한다.

독일의 철혈재상鐵血宰相이라고 일컬어지는 비스마르크는 "한 개인의 의지가 강철과 같이 강하다면 어느 누구나 평생을 통해 자신이 이룰 수 있는 일보다 100배의 업적을 더 이룰 수 있다"라고 했다. 의지는 생각한 것을 이루고자 하는 마음이기에 신념과도 통하며, 신념은 곧 목표를 이루는 가장 큰 원동력이 된다.

그러나 제아무리 신념이 강한 사람이라고 해도 위기와 고비를 겪게 마련이다. 그러한 시기를 나는 '시험 기간'이라고 부른다. 학교에서 시험을 치르는 이유는 수업 내용을 얼마나 잘 숙지하고 있는지 알아보기 위해서다. 시험은 등수를 매기기 위한 수단이 아니며, 시험을 통해 학생은 자신이 알고 있는 것과 모르고 있는 것을 깨닫게 된다.

그래서 위기와 고비를 '시험'으로 여기는 것이다. 고난을 겪을 때마다 사람들은 자신을 돌아보게 된다. 무엇이 잘못되었는지, 어떤 점이 부족하고 또 앞으로 어떻게 바꿔 나가야 할지 고민한다. 아마 고난이 없다면 사람들은 자신의 삶이 100퍼센트 정답이라 생각하고, 주변을 돌아보지 못하거나 발전하기 위해 애쓰지 않을 것이다.

시험 기간은 사람마다 달라서, 짧게는 며칠에서 길게는 여러 해까지 다양하다. 시험을 좋아하는 사람은 없겠지만 피한다고 해서 시험이 사라지는 것도 아니다.

누구도 쉽게 정의할 수 없는 인생길에서 한 가지 확실한 것이 있다. 눈앞에 닥친 시험을 치르지 않고 회피하거나 포기한다면 그 현실에서 벗어날 수 없지만, 어떻게든 시험을 치러낸 사람은 자신을 돌아보며 발전할 수 있다는 사실이다. 그리고 시험을 치러낸 사람은 그 이전보다 훨씬 단단해진다.

산에 올라가본 사람은 알겠지만, 내리막길에서는 몸에 힘을 빼고 찬찬히 내려가야 한다. 오르막길에서처럼 급하고 빠르게 내딛다가는 발을 헛디뎌

다칠 수 있다. "오르막이 있으면 내리막도 있는 법이요, 내리막 다음에는 다시 오르막이 오기 마련"이라는 말을 마음에 새길 필요가 있다. 그리고 시험의 시기에 접어들었을 때는 그간의 수고스러움을 반추하며 마음의 여유를 가져야 한다.

의지력을 굳게 다지는 5가지 원칙

시험을 치르는 데 있어서 가장 큰 힘은 '신념' 이다. 신념이 약한 사람은 수시로 흔들리고 쉽게 넘어진다. 자신의 마음조차 다잡지 못해 늘 갈등한다. 그리고 그런 사람 주변에는 대개 신념이 약한 사람이 모여 있어서, 한 사람이 흔들리면 덩달아 이리저리 휩쓸린다. 그럴 때 의지력을 다잡는 방법이 있다.

1. 규칙적으로 먹고, 규칙적으로 자기

평상시에도 그렇지만, 규칙적인 생활이 더욱 중요하다. 실제로 잠을 자는 동안 스트레스를 억제해 주는 호르몬이 분비되는데, 잠자는 시간이 불규칙하거나 잠을 적게 자면 그 호르몬이 원활하게 분비되지 않는다고 한다. 음식을 제때에 꼬박꼬박 먹는 것도 호르몬 분비에 영향을 미친다.

의지력이 약해질 때는 고민이 많아지면서 잠을 잘 못 자거나 끼니를 건너뛰는 경우가 많은데, 그럴수록 상황은 더욱 악화된다. 그러므로 먼저 '잘 먹고 잘 자는' 생활습관을 유지하는 것이 좋다.

2. 자연 속에서 쉬기

'도대체 왜 이런 일이!'

'어째서 나한테만!'

이런 생각이 들 때는 이미 마음의 여유가 없어서 상황 판단이나 이성적인 대처가 이루어지지 않는다. 그래서 '될 대로 되라지' 혹은 '다 엎어버려. 안 해!' 하며 자포자기하는 심정이 될 수 있다. 숲 속에 있을 때는 숲이 보이지 않으며, 숲을 보려면 숲에서 벗어나야 하는 법이다. 마찬가지로 고민 속에 있을 때는 답을 찾을 수 없다.

이때 필요한 것이 휴식이다. (쉽지 않겠지만) 의도적으로 고민을 내려놓고 자연 속에서 휴식을 취하는 것이 가장 좋다. 산이나 공원에 가면 나무에서 나오는 피톤치드와 시야에 들어오는 초록색이 지친 마음을 회복하는 데 도움을 주고, 바닷가에 풍부한 오존은 활기찬 생동감과 평온함을 느끼는 데 도움이 된다고 한다.

3. 일기 쓰기

"《난중일기》가 없었더라면 이순신 장군의 불패 신화도 없었을 것이다"라고 할 정도로 일기는 생활에서 매우 중요한 역할을 한다. 하루의 끝에서 차분히 그날을 돌아보고 내일의 계획을 세우는 가장 의미 있는 일이 일기를 쓰는 시간이다.

문젯거리가 있거나 마음에 걸리는 일, 사람과의 관계가 뜻대로 풀리지 않는다면 그러한 마음을 일기에 적어 보라. 마음의 생각을 글씨로 옮겨 적는 동안 헝클어져 있던 일들이 하나하나 정리되면서 새로운 의지가 생겨날 것이다.

4. 인정하기

문제에서 빠져나오지 못하고 오랫동안 혼란에 빠져 있는 사람들의 공통점은 대개 자신의 문제를 인정하지 않는다는 것이다. 그들은 자신의 문제를 객관적으로 보지 못한다. 그래서 다른 사람에게 투사하거나 핑계를 찾는 데 초점을 맞춘다. 그러다 보니 쉽게 답을 찾지 못한다.

일단 '그래, 문제는 내게 있어' 하고 인정한 다음 '내게 어떤 문제가 있어서 일이 이렇게 된 것일까?'를 생각해 보면 문제 해결의 실마리를 찾을 수 있다. 정말 자신에게는 아무 문제가 없다고, 억울하다고, 누가 보나 상대방의 잘못이 틀림없다고 부인해 보아도 소용없다. 세상에 혼자서 생겨나는 문제는 절대 없다는 사실을 명심하라.

5. 스스로 칭찬하기

칭찬은 고래도 춤추게 한다는 말이 있다. 칭찬을 받고 자란 양파가 더 잘 크고, 물도 칭찬을 해주면 분자가 선명한 육각형 구조를 띠면서 건강한 물로 바뀐다고 한다. 이러한 실험이 과학적으로 따졌을 때 진실이든 아니든 중요하지 않다. 어쨌든 칭찬이 매우 큰 영향력을 발휘하여 긍정적인 변화를 불러일으킨다는 것이 핵심이다.

신념이 약해 의지가 흔들릴 때, 다 포기하고 싶을 때 가장 큰 위로는 칭찬이다. '괜찮아, 너는 최선을 다했어. 이 정도 해낼 수 있는 사람도 많지 않아', '여기까지 오느라 네가 얼마나 노력했는지 알아. 그 노력을 보상받는 순간이 언젠가는 올 거야' 등 마음을 토닥토닥 달래 주는 칭찬이 필요하다.

다른 사람으로부터 칭찬과 인정을 받기 위해서는 많은 노력이 필요하지만 스스로 칭찬하는 데는 큰 노력이 필요하지 않다. 누구보다 자신을 잘 아는 사람은 바로 그 자신이기 때문이다. 칭찬은 의지를 단단하게 만들어 다시 일어설 힘을 주는 강력한 영양제이므로, 신념을 강화하는 데 좋은 영향을 미칠 것이다.

03

Smile_긍정의 힘 웃음은 인간이 가진 가장 강력한 무기다

《해와 바람》이라는 이솝우화를 기억하는가? 바람이 아무리 세게 불어도 벗길 수 없었던 나그네의 외투를 해는 따뜻한 햇살을 비춤으로써 나그네 스스로 벗게 만들었다.

사람들은 강한 카리스마 앞에서는 방어적으로 대하지만 온화한 미소 앞에서는 저절로 무장해제가 된다. 단단한 강철, 대리석, 다이아몬드를 자를 때 물을 쓴다는 사실을 아는가? 물처럼 약하고 별것 아닌 것처럼 보이는 웃음이 때로는 사람의 목숨을 구하는 일도 있다.

웃음은 당신을 건강하게 만들며 또한 세상을 따뜻하게 바꾸어 준다. 관계를 원활하게 만들어 주는 것도 웃음이며, 상대방의 마음을 여는 열쇠도 웃음이다.

인간이 가진 가장 강력한 무기는 명석한 두뇌도, 튼튼한 근육도 아니다. 바로 웃음이다.

웃지 못하는 사람과 웃지 못하게 하는 사람

당신은 하루에 몇 가지 생각을 하는가? 100가지? 500가지?

미국의 유명 심리학자이자 저명한 강연자인 쉐드 햄스테터가 조사한 바에 의하면 사람은 하루에 5만 가지 이상의 생각을 한다고 한다. 그런데 그중 85퍼센트는 부정적인 생각이고 나머지 15퍼센트만이 긍정적인 생각이라는 것이다.

사람들은 왜 이렇게 부정적인 생각들로 머릿속을 가득 채우는 걸까? '긍정적인 생각을 해야지, 긍정적인 생각을 해야지' 하면서도 어느 새 생각이 자꾸 부정적으로 흐르는 것을 막을 수 없다. 왜냐하면 지난 세월 동안 "안 돼!", "하지 마!" 하는 말을 너무나 많이 들어왔기 때문이다.

말 못하는 아기에게 울음은 유일한 언어이므로 배가 고파도, 기저귀가 젖어도, 기분이 안 좋아도 아기는 울음으로 표현한다. 그것뿐만 아니라 단순히 엄마를 부르거나 심심해도 울음을 터뜨려 의사를 표현할 수밖에 없다. 그러나 아기가 울면 어른들은 인상을 찌푸리거나 "뚝!" 하고 엄포를 놓으며 울지 못하도록 한다.

조금 자라 아장아장 걷기 시작하면 아기는 엄마 품을 벗어나 여기저기 돌아다닌다. 어린 아이들에게 세상은 낯설고 신기한 호기심 천국이다. 궁금한 것투성이고 해보고 싶은 것도 많기 마련이다. 그러나 어른들은 아기가 다치거나 위험한 상황에 놓일까 봐 걱정이다. 아기가 유리컵을 잡으려고 하면 "에비, 안 돼!" 하고 으름장을 놓고, 풀밭에 드러눕기라도 하면 "찌지, 펙!" 하고 야단을 친다. "쉿, 조용히 해", "저리 가서 놀아", "만지지 마" 등 아기의 행동을 저지하는 부정적인 말을 한다. 아기 뒤를 졸졸 따라

다니면서 물건을 치우고, 사사건건 간섭하고, 계속 뜯어말린다. 어릴 적부터 들은 수많은 부정적인 말들이 생각을 부정의 틀 안에 가두는 것이다.

아이가 커서 학교에 가도 상황은 나아지지 않는다. 선생님은 친구와의 경쟁을 부추기고 성적은 늘 꼬리표처럼 아이에게 따라붙는다. 그동안 아이는 학교와 학원을 오가면서 점점 웃음을 잃어간다.

어른이 되면 또 어떨까? 사람들은 잘 웃는 사람을 일컬어 '실없는 사람'이라고 한다. 가벼워 보인다거나 속내를 감추기 위해 위장하는 것으로 바라보는 시선도 있다.

'웃는 모습이 다른 사람 눈에 바보처럼 보이면 어떡하지?'

'크게 웃는 것은 신중하지 않은 사람이나 하는 짓이야.'

'내가 자기를 좋아하는 것으로 오해하면 어떡하지?'

이러한 부정적인 생각이 웃음을 틀어막는다. 그러면서 점점 '웃지 못하는 사람'으로 변해 가는 것이다. 혹시 당신은 지금 웃지 못하는 사람인가, 웃지 못하게 하는 사람인가?

명약 중의 명약, 구불약

요즘 같은 100세 인생 시대의 가장 큰 걱정은 '건강'이다. 몸이 건강해서 오래 사는 것이 아니라 의학기술의 발달로 수명을 연장하는 의미의 장

수長壽이기 때문이다.

건강에 대한 관심이 높아지면서 건강식품에 대한 관심도 커지고 있다. 지천명의 나이를 훌쩍 넘기고 보니, 또래 모임에 나가 보면 건강을 염려하는 이야기가 제일 많다. 진시황이 불로초에 왜 그렇게 집착했는지, 한편으로는 이해가 되기도 한다.

문득 당나라에서 명의로 소문났던 '송청' 의 이야기가 떠오른다.

당나라에 송청이라는 약장수가 살고 있었는데, 그는 가난한 사람에게는 돈을 받지 않고 약을 지어 주었으며 처음 보는 사람이 외상을 하자고 해도 순순히 승낙할 만큼 인심이 후했다. 그러다 보니 연말이 되면 방 한구석에 차용증이 수북했다. 그러나 송청은 그 차용증을 남김없이 불태워 버린 뒤 다시는 말을 꺼내지 않았다.

사람들은 곧 송청이 망할 거라면서 혀를 차거나 뒤에서 쑥덕거렸다. 그러나 그는 망하기는커녕 오히려 부자가 되었다. 그 비법을 궁금하게 여긴 한 사람이 그를 찾아가 물었다.

"당신은 돈도 제대로 안 받고 약을 지어준다고 하던데, 어떻게 부자로 살 수 있습니까?"

"내가 태운 차용증이 수천 장에 이를 것이오. 그러나 그 돈을 다 받았다 한들 지금보다 부자로 살지는 못했을 것이오. 비록 약값을 제대로 받지는 않았지만, 그것 말고 따로 생기는 돈이 있다오."

"약방 말고 다른 일을 하고 계신 건가요?"

"허허! 나는 약 짓는 재주밖에 없는 약장수라오. 그런데 내가 외상으로도 약을 지어 준다는 소문이 나다 보니 여기저기서 찾아오는 사람이 많지요. 당시에는 돈이 없어서 차용증을 써주고 급하게 약을 지어간 사람 중에 훗날 성공한 사람이 꽤 된다오. 그 사람들이 때때로 과분한 보답을 해주어 내가 여태 부족함 없이 잘살고 있는 것이라오."

"그래도 떼인 약값이 아깝지는 않습니까?"

"약값을 떼인 대신 인심을 얻었지 않았소. 몇 푼 안 되는 약값 때문에 인심을 잃는 것보다는 훗날 출세한 사람들에게 후한 대접을 받는 게 더 낫지 않겠소?"

"그것이 당신이 부자로 살 수 있는 비법이었습니까?"

"사실은…… 모두가 '구불약九不藥' 덕분이라오."

"구불약이고요? 처음 듣는 이름인데…… 그것이 대체 어떤 약입니까?"

"내게는 아홉 개의 '불不'을 없애 주는 약이 있다오."

"그 약 때문에 큰 부자가 되셨다는 말씀입니까?"

"그렇소. 그 약만 있으면 누구나 부자가 될 수 있지."

송청은 구불九不 하나하나 설명해 주었다.

"첫 번째는 불신不信, 상대방이 나에게 갖는 불신을 없애는 것이라오. 두 번째는 불안不安, 나와 상대방의 불안을 없애는 것이오. 세 번째는 불앙不怏, 원망과 앙심을 없애는 것이오. 네 번째는 불구不勾, 내 마음이 곧다는 사실을 드러내는 것이라오. 다섯 번째는 불치不值, 내가 물건 값을 속이지 않음을 믿게 해주는 것이오. 여섯 번째는 불의不倚, 나와 상대방 사이에 거리감을 없애 주는 것이오. 일곱 번째는 불충不衷, 내가 성의가 없다는 생각을 없애는 것이오. 여덟 번째는 불경不敬, 나에게 공경하는 마음이 없다고 느끼지 않게 해주고, 아홉 번째는 불규不規, 나의 언행이 원칙에 어긋난다고 느끼지 않도록 해주는 것이라오."

송정의 말을 들은 사람은 고개를 끄덕이며 감탄을 했다.

"명약 중의 명약이 틀림없군요. 그런데 그토록 신통한 약이라면 약값이 엄청나게 비싸겠지요?"

"그 약은 돈으로 살 수 없다오."

"네? 도대체 무슨 약이기에 돈을 주고도 못 산다는 말씀입니까?

송청은 큰 소리로 웃으며 대답했다.

"그 약은 바로 '웃음'이라오."

송청이 명의로 이름을 떨친 이유는 그가 바로 '구불약', 즉 웃음의 중요성을 알리고 사람들에게 많이 웃도록 처방한 덕분이다. 이제 비법을 알았는가? 몰라서 못하는 건 어쩔 수 없지만, 알면서도 실천하지 않는다면 그는 어리석은 사람이 틀림없다.

웃음은 다른 사람에게 좋게 보이기 위한 노력이 아니라 자신의 건강을 지키는 가장 쉬운 방법으로, 아무리 값비싼 영양제도 이보다 더 좋을 수는 없을 것이다. 진시황이 불로초를 찾기 위해 노심초사하면서 신하들을 닦달하는 시간에 차라리 소박한 음식을 먹으며 여유로운 마음가짐으로 정사를 돌보았더라면 49세의 젊은 나이에 생을 마감하는 일은 없지 않았을까?

생기 있는 웃음으로 목숨을 구한 빅터 프랑클

많이 웃는 사람이 건강하다, 오래 산다는 이야기는 익히 들어 잘 알고 있는 이야기다. 더불어 밝은 웃음 덕분에 죽음의 위기에서 목숨을 구한 경우도 있다.

아우슈비츠에서 살아나온 몇 안 되는 사람 중에 빅터 프랑클Viktor Frankl 이라는 신경전문의이자 정신분석학자가 있다. 잘 알려졌듯이, 아우슈비츠는 유태인들을 대량 학살한 만행의 현장이다. 아우슈비츠에 수감된 유태인들은 언제 가스실로 끌려가 죽을지도 모르는 상황에서 그저 하루하루 살아남기 위해 가슴을 졸였다. 먹을 것은 물론 물조차도 제대로 공급되지 않아 많은 사람들이 영양실조와 질병으로 죽어나갔다.

그런데 빅터 프랑클은 수용소에서 한 가지 새로운 사실을 발견했다. 삶에 대한 희망을 놓는 순간 사람이 얼마나 쉽게 무너지는지를 눈앞에서 보게 된 것이다. 실제로 수용소에 수감된 사람들은 연말과 연초에 급격히 많이 사망했다. 그 원인은 질병이나 갑작스런 사고 때문이 아니었다. 한 해의 끝이 다가오면서 집으로 돌아갈 수 있으리라는 희망이 점점 줄어들고, 참담한 현실을 받아들이면서 희망을 놓는 순간 신체의 저항력이 약해져 결국 사망하게 된 것이다.

빅터는 온 가족이 수용소로 끌려가 뿔뿔이 흩어져 생사조차 알 수 없는 상황에서도 삶에 대한 희망을 놓지 않았다. 인간으로서의 존엄성을 지키기 위해 하루에 한 컵씩 배급되는 물을 받으면 반만 마시고 나머지로는 세수를 했으며, 유리조각을 가지고 깔끔하게 면도를 했다. 천 조각에 물을 묻혀 몸을 씻고 늘 얼굴에 미소를 지은 채 생기 있는 모습을 잃지 않았다.

마침내 전쟁이 끝나 아우슈비츠에서 살아 나온 그는 그곳에서의 경험을 토대로 왕성한 저술 활동을 하고 새로운 이론인 '로고테라피'를 창안하는 등 정신치료 연구와 발전에 기여했다.

그가 수용소 안에서 살아남기 위해 얼마나 치열하게 노력했는지는 그의 저서《한 심리학자의 강제수용소 체험기》에 잘 나타나 있다. 아마 그가 수용소 생활을 견디지 못하고 웃음을 잃었더라면 그의 목숨 또한 웃음과 함께 사라졌을지도 모르는 일이다. 그의 체험은 "행복해서 웃는 것이 아니라 웃기 때문에 행복한 것이다"라는 말을 증명한 셈이다.

건강과 관계를 회복시키는 웃음

일본 도쿄대 의학부의 곤도 나오키 교수 연구팀은 "웃지 않는 사람은 뇌졸중에 걸릴 확률 1.6배, 심장병에 걸릴 확률 1.2배가 더 높다"라는 연구 결과를 학계에 보고했다. 그중에서도 고령일수록, 남자보다는 여자일수록 그 비율이 높았다고 한다.

이러한 수치는 매우 의미가 있다. 그간 막연하게나마 '화내는 것보다야 웃는 것이 건강에 더 좋겠지'라고 생각해 오던 것을 과학적으로 접근해 통계로 밝혀냈기 때문이다. 현재까지 밝혀진 웃음의 건강 효능에는 혈압 안정, 혈액 내 산소 증가, 혈액순환 개선, 소화 촉진, 근육 긴장감 완화, 면역 체계 강화, 통증 감소 등 인체 곳곳에 다양한 영향을 미치는 것으로 알려져 있다.

웃음은 이렇듯 건강에 도움을 줄 뿐만 아니라 사람과 사람 사이에서 완충제이자 윤활유 역할을 한다. 명품 옷과 화려한 액세서리로 치장을 한다고 해도 잔뜩 찌푸리고 화가 난 표정을 한 사람은 아름답지 않으며 가까이 다가가고 싶은 마음도 생기지 않는다.

반대로, 비록 행색은 평범하지만 얼굴 가득 온화한 미소를 머금고 있는 사람은 바라보기만 해도 마음이 평화로워진다. 호감이 생기면서 다가가 말 한 마디라도 건네 보고 싶은 마음이 생긴다.

본인의 저서 《진짜 기회를 만나라》에서 말한 것처럼, 오늘 하루 동안 얼마나 웃고 살았는지를 저울로 달 수 있는 '웃음 종량제'를 범국가적으로 시행해야 한다고 생각한다. 그렇게 한다면 범죄율이 확연히 줄어들 것이며, 가정과 직장 그리고 사회가 좀 더 친절하고 밝아질 것이다. 우리 속담에 "웃는 낯에 침 뱉으랴"라는 말이 있다. 아무리 귀찮고 꼴 보기 싫은 사람이라고 해도 그가 웃으며 다가온다면 차마 나쁘게 대할 수 없을 것이다. 그러기에 훌륭한 마케터로 손꼽히는 사람들은 어떠한 상황에서도 웃음을 잃지 않는 공통점이 있다.

내가 오랜 세월 동안 많은 조직의 리더들을 만나 오면서 '참 대단하구나!' 하고 생각한 분이 있다. 곁에서 듣기에 안타까울 정도로 집안 환경이 첩첩산중인 상황에 놓여 있었었지만 그분은 사람들 앞에서 늘 웃음을 띠고 있었다.

느지막한 나이에 노후 대비책으로 부동산에 투자를 했는데 그것이 그만 잘못되는 바람에 20억 원의 부도를 맞았다고 했다. 그러나 좌절하지 않고 나머지 돈을 끌어모아 동대문에 있는 평화상가에 한 평 남짓한 상가를 하나 얻었다. 사방이 꽉 막히고 창문 하나 없어서, 그곳에 앉아 있으면 밖에 비가 오는지 눈이 오는지 알 수 없을 정도였다. 60이 넘은 나이에 그분은 그곳에서 새벽을 지나 아침이 올 때까지 여성복을 판매했다.

절망적인 상황이었다. 젊은 나이도 아니고, 그 큰돈을 날렸으니 화병이 나서 드러누울 법도 했다. 그러나 그분은 다른 사람을 원망하거나 절망하는 모습을 단 한 번도 보이지 않았다. 어렵게 장사를 하면서도 무엇이 그리 행복한지 늘 얼굴 가득 웃음을 띠었다.

"뭐 좋은 일이라도 있으세요?"

"좋은 일은요, 뭐. 그냥 오늘 하루 살아 있다는 것이 축복이고 행운이지요."

그냥 하는 말이 아니라, 진짜로 오늘 하루를 너무 행복하게 살고 있는 것이 느껴졌다.

"요즘은 뭐 하고 지내세요?"

"요즘은 탁구교실에 다녀요. 가게 문 닫고 집에 오자마자 곧바로 탁구를 치러 가지요. 아직은 공 주우러 다니기 바쁜 실력이지만, 탁구를 치면서 땀을 쫙 빼고 나면 기분이 얼마나 상쾌한지 몰라요. 그리고 일요일에는 자전거를 타고 한강변을 달리고 있어요. 바람을 맞으면서 달리다 보면 고민이 사라지지요."

"휴가는 다녀오셨어요?"

"휴가라고 할 것까지는 없고……. 이번 달에 7박 8일 동안 몽골로 선교활동을 다녀오기로 했어요. 그곳에 도움의 손길이 많이 필요한가 봐요. 나이 먹고 보잘것없는 제가 쓰일 곳이 있다니 기꺼이 다녀오려고요."

"정말 대단하십니다. 지내시다 힘든 일 있으면 말씀하세요. 제가 도울수 있는 일이라면 기꺼이 도와드리겠습니다."

"네, 감사합니다. 저도 사장님을 위해 기도할게요."

이 분을 보면 뭔가 빚을 진 기분이 들어서 무엇이든 해드리고 싶은 마음이 생긴다. 이것이 바로 웃음의 거대한 영향력이 아닌가 싶다.

미국의 목사이자 노예폐지운동가였던 헨리 워드 비처Henry Ward Beecher 목사는 이렇게 말했다.

"웃음이 없는 사람은 용수철이 없는 마차와 같다. 그래서 그는 길에서 자갈을 만날 때마다 덜거덕거리지 않을 수가 없다."

길고 긴 인생길에서 오늘 당장 무슨 일이 일어날지 아무도 알지 못한다. 그러나 험한 일이 닥치든 악연을 만나 고난을 겪든, 그 위기 순간을 겪어낼수 있는 힘은 한 발 벗어나서 바라볼 줄 아는 마음의 여유와 온화한 미소에서 나온다.

마차가 가는 길이 덜거덕거린다고 해서 일일이 자갈을 캐내면서 걸어갈 수는 없다. 시간도 너무 많이 걸릴 뿐만 아니라 몸과 마음이 너덜너덜해질 만큼 고단한 일이기 때문이다. 그럴 때는 환경이나 조건을 탓할 게 아니라 자체를 점검하는 것이 더 현명한 방법이다. 용수철을 보강하고 마차를 조심조심 몰아 덜거덕거리지 않도록 노력해야 한다. 이것은 인생길을 성공으로 이끄는 방법이기도 하다.

웃음으로 사랑받은 나의 어린 시절

전기도 들어오지 않던 산골 오지마을, 잡혀오듯이 시집을 와서 아이를 낳다가 난산 끝에 열 달 동안 품고 있던 아이를 잃고 건강마저도 안 좋아진 여인이 있었다. 그 일로 여인은 평생 아기를 가지지 못하게 되었고 남편과의 관계도 더욱 악화되었다. 그 때문만은 아니었지만, 남편은 술타령과 노름으로 세월을 보내며 집에는 일 년에 두어 번 들어올까 말까 하는 망나니였다.

어느 날인가 집으로 돌아온 남편의 뒤에 다른 여인이 서 있었고 그 여인의 품에는 강보에 싸인 사내아이가 안겨 있었다.

"이 아이 생년월일이에요."

여인은 종이쪽지 한 장과 '잘 키워 달라' 라는 말 한마디 남기고 홀로 훌쩍 떠나 버렸다.

다른 사람 같으면 버럭 화를 내며 남편과 아이를 내쫓아 버렸을 텐데, 산골짜기에서 외롭게 살아가던 여인에게는 이 아기가 하늘에서 주신 선물처럼 여겨졌다고 한다. 품에 안고 어르면 생글생글 웃고, 무엇을 주든 넙죽넙죽 잘 받아먹고, 말을 배우면서는 조잘조잘 어찌나 신나게 떠들어대던지 아이 키우는 재미로 지난한 삶을 이겨낼 수 있었다.

아이는 젖먹이 때 친엄마에게 버림받은 상처가 잠재의식에 남아 있었는지, 여인의 치맛자락을 생명줄처럼 붙들고 잠시도 떨어질 줄을 몰랐다. 그 모습이 가엾어서 여인은 밭에서 김을 맬 때도, 뽕밭에서 뽕을 딸 때도 아이를 등에 업고 한 몸처럼 다녔다.

남편이 술에 취해 들어와 살림살이를 뒤엎고 주먹을 휘둘러댈 때면 단봇짐을 꾸려 도망 나갔다가, 새벽기차를 앞에 두고도 타지 못해 다시 집으로 돌아오곤 했다. 차마 집에 두고 온 어린 아이가 눈에 밟혀 떠날 수가 없었던 것이다.

혼자 밭일을 도맡아 하고 남편의 폭력에 시달리면서도 아기를 지극정성으로 돌보는 여인을 보면서 사람들은 혀를 찼다.

"자기가 낳은 자식도 아닌데 뭐 그리 귀하게 키운대. 어미 젖 한 번 못 먹고 여태 살아 있는 게 용하지. 비리비리한 게, 그 애는 사람 구실하긴 글렀어."

사람들이 뭐라 손가락질하든 상관없이, 여인은 귀한 쇠고기와 찹쌀을 곱게 갈아서 죽을 쑤어 아기에게 먹였다. 그리고 아기가 재치기라도 한 번 할라치면 밤낮없이 품에 앉고 체온을 나누며 병간호를 했다.

아이가 자라면서 친엄마가 아니라는 사실을 알고 한때 반항을 했지만, 총알이 날아와도 온몸으로 덮어 자신을 지켜줄 사람이 바로 이 엄마뿐이라는 사실을 잘 알기에 그 사랑에 감동을 했다. 그리고 남편이 밖에서 낳아 온 자식을 친자식처럼 품어 키운 여인의 운명이 애처로워, 평생 엄마를 위해 살겠다고 다짐했다.

"엄마, 나한테 왜 그렇게 잘해줬어?"

"자식이니까 잘해줬지. 내 팔자가 기가 막히고 사는 게 너무 힘들어서 콱 죽어 버릴까 하는 생각도 했는데, 너만 보면 그 생각이 싹 없어지는 거야. 네가 웃는 모습이 어찌나 예쁜지, 꺄르르 하고 한 번 웃으면 나도 따라 웃음이 나더라고. 자다가도 눈을 뜨고 네가 잘 자고 있는지 살펴보고, 잠깐 눈 붙였다가 네 얼굴 한 번 쓰다듬고 또 잠들고……. 그게 좋았어. 네가 너무 예쁘고 귀해서 옆에 두는 것만으로도 뭐든 다 해낼 수 있을 것 같았지."

아이는 여인의 사랑으로 살았고, 여인은 아이의 천진하고 밝은 웃음을 보면서 살았다. 그것이 두 사람의 삶을 온전하게 만들어주는 원동력이었다.

세월이 흘러 아이가 자라면서 여인은 늙어갔다. 그리고 자연의 순리대로 여인은 세상을 떠났다. 그러나 어린 시절 영감을 일깨우고, 삶에 긍정적인 영향을 불어넣어준 여인을 잊을 수가 없었다. 그래서 아이는 글을 써서 책을 낼 때마다 '고 민정심' 님께 헌사를 적는다. 어머니께서 베풀어준 사랑과 은혜를 만 분의 일이라도 갚을 수 있기를 바라면서…….

가장 예쁘게 웃는 방법

1. 얼굴 근육 풀어주기

사용하지 않는 근육은 딱딱하게 굳어져 점점 더 어색하고 불편한 법이다. 밝게 웃기 위해서는 무엇보다 얼굴 근육이 부드러워야 한다.

① '아, 에, 이, 오, 우' 로 입 근육 풀어주기

먼저 입을 최대한 크게 벌리고 '아' 소리를 내면서 5초 동안 그 표정을 유지한다. 다음은 '에' 소리를 내면서 똑같이 반복한다. '이' '오' '우' 를 이어서 반복하며 입 근육을 최대한 크게 움직인다.

② 눈썹 운동하기

눈썹을 최대한 위로 추켜올린 뒤 5초 동안 유지한다. 그 다음 한쪽씩 번갈아가면서 눈썹을 올렸다 내렸다 반복한다.

③ 눈 운동하기

두 눈을 크게 부릅떴다가 윙크를 반복한다. 한 번은 왼쪽, 한 번은 오른쪽, 윙크를 10회 반복한다. 그런 다음 눈을 감고 눈동자를 왼쪽에서 오른쪽으로, 오른쪽에서 다시 왼쪽으로 굴리며 5회 반복한다.

④ 입꼬리 운동하기

거울을 보고 활짝 웃은 다음, 검지손가락을 입꼬리 부분에 대고 위로 밀어 올리듯이 누르며 5초 동안 유지한다. 살짝 힘을 뺐다가 다시 눌러 주는 식으로 5회 반복한다.

2. 거울 앞에서 연습하기

자신의 모습을 가장 정확하게 보여주는 것은 거울이다. 거울 앞에 서서 가장 예뻐 보이는 미소를 찾아보라. 예쁘게 웃는 자신의 모습을 바라보는 것 또한 기분 좋은 일이다. 그리고 당신의 미소를 바라보는 누군가 또한 기분이 좋아질 것이다.

쇼윈도에 내 모습이 비칠 때도 재빨리 미소 짓는 연습을 하라. 수시로 집어 드는 스마트폰도 훌륭한 거울이 된다. 스마트폰의 카메라를 셀카 모드로 해놓은 다음 마음에 드는 사진이 나올 때까지 웃으며 사진 찍기를 반복해 보라.

3. 코미디 프로그램이나 코믹 동영상 보면서 박장대소하기

텔레비전을 흔히 '바보상자'라고 한다. 텔레비전을 보는 시간 동안 뇌가 수동적으로 작동하기 때문이다. 그러나 지친 뇌를 잠시 바보상자에 맡겨두는 것도 나쁘지 않다.

예능이나 코미디 프로그램을 켜두고 가장 편한 자세로 앉아 마음껏 웃어보라. 코미디언들의 웃음 코드가 무엇인지, 그들의 말과 행동에 따라 방청객이 어떻게 반응하는지 보면서 박장대소해 보라. 손바닥을 부딪치면서 웃으면 손바닥이 자극되면서 건강 증진 효과가 더 높아진다고 한다.

4. 미소가 아름다운 연예인 사진 자주 쳐다보기

얼굴이 예쁘거나 안 예쁘거나, 키가 훤칠하거나 작거나, 몸매가 근육질이거나 말랐거나 사람마다 생김이 다 다르고 그에 따른 호감도 또한 제각각이지만, 웃는 표정에 대한 감정은 단 한 가지다. 웃는 얼굴이 예쁘지 않은 사람이 있을까?

특히 연예인 중에는 웃는 모습이 매력적인 사람들이 많다. 그중 보고 있으면 저절로 미소가 나오는 사람의 사진을 눈에 잘 띄는 곳에 놓아두고 수시로 바라보라. 그리고 멋진 미소와 마주칠 때마다 따라서 활짝 웃어보라.

5. 좋은 기억 떠올리기

들었을 때 가장 기분 좋은 말이 무엇인가? 실력이나 능력에 대한 칭찬? 외모에 대한 칭찬? 인품과 성격에 대한 칭찬? 그런 칭찬을 스스로 하라. 어릴 적 부모님이나 선생님께 들었던 칭찬을 되새겨 스스로 해주는 것도 좋은 방법이다. 칭찬으로 기분이 좋아지면 저절로 웃음이 나게 마련이다.

살면서 가장 기분 좋았던 순간은 언제였나? 어제는 무슨 일 때문에 기분이 좋았나? 내일은 무슨 기분 좋은 일이 벌어질까? 뇌가 기분 좋게 웃을 수 있도록 기억력과 상상력을 동원해서 좋은 기억들을 만들어보라.

04

Speech_ 신뢰
한번 뱉은 말은 천금처럼 여겨라

신뢰는 어디에서 오는 것일까? 신뢰를 쌓는 데는 오랜 시간이 필요하지만 무너지는 것은 한순간이다. 말 한마디 사소한 행동 하나가 신뢰의 밑돌을 빼는 주요 요인이다. 그러므로 신뢰받는 사람이 되기 위해서는 신중하게 말하고, 자신이 한 말은 반드시 지켜야 한다.

세상에서 신뢰 없는 사람이 성공한 경우는 단 한 번도 없다. 만약 성공한 뒤 잘못된 행동으로 신뢰를 잃었다면 그 사람은 성공의 자리에 오래 머물지 못할 것이다. 사소한 것처럼 보이지만, 신뢰를 쌓는 주춧돌이자 대들보는 자신이 한 말을 행동으로 보여주는 데서부터 만들어진다.

온몸으로 경청하고 신중하게 대답하라

'비즈니스의 달인' 으로 불리는 사람이 있었다. 비즈니스를 위해 만난 사람들은 다 그의 포로가 된다는 것이다. 도대체 얼마나 설득력 있게 말을 잘 하기에 사람을 단숨에 그의 편으로 만드는지 궁금했다. 그래서 그에게 부탁하여, 비즈니스 자리에 합석하는 기회를 얻었다. 일대일로 만나는 자리였는데, 나는 한쪽 구석에 앉아 잠자코 그의 모습을 지켜보았다.

그런데 그의 행동은 내 예상에서 한참 벗어났다. 그는 상대방을 설득하거나 무언가를 설명하려고 하지 않았다. 대신 상대방이 하는 말을 잘 듣고 있다가 알겠다는 듯 고개를 끄덕이기도 하고 이해가 안 되는 부분이 있으면 질문을 했다. 그리고 상대방이 원하는 것이 무엇인지 정확히 짚어 내기 위해 애썼다.

이 사람의 노력이 엿보였는지, 처음에는 자기 얘기만 하던 상대방의 태도가 점차 누그러졌다. 그리고 마침내 한마디했다.

"그래서…… 제가 무얼 하면 되는 거지요?"

역시 그는 '비즈니스의 달인'이었다. 그리고 나는 한 가지를 깨달았다. 말 잘하는 사람보다 상대방의 말을 잘 들어주는 사람이 비즈니스에 성공할 확률이 높다는 것을.

의욕이 앞서다 보면 말이 많아지게 되고, 상대방의 말을 듣기보다 상대를 설득하는 데 더 열을 올리게 마련이다. 그런데 이것이 함정이다. 사람은 누군가 자신을 설득하려고 하면 저항감을 갖는다.

'혹시 나를 속이려는 것은 아닐까?', '정신 똑바로 차려야지. 절대 설득당하지 않을 거야' 하고 멀찌감치 물러서는 것이다. 그래서 콩으로 메주를 쏟는다고 해도 안 믿게 된다.

그러나 상대방의 말을 경청하면서 상대가 원하는 것이 무엇인지 찾아내고 공감하는 순간, 상대방이 먼저 고개를 숙이고 마음의 문을 연다. 내 말이 먼저가 아니라 상대방의 말을 들어주는 것이 먼저다. 듣지 않는 사람은 결코 감동을 주지 못한다.

한번은 우연히 다른 팀 회식 뒷이야기를 듣게 되었다.

그 팀의 팀장은 평소에 말이 많기로 소문난 사람인데 회식 자리에서 자기 학창시절 이야기, 군대 이야기, 입사 때부터 지금까지의 성공담 등 내내 자기 이야기만 하더라는 것이다. 팀장이 얘기를 주도하고 있으니 다른 사람들은 말도 못하고, 재미없는 이야기를 들으며 고개를 끄덕여야 했다. 이야기가 끝없이 이어지자 한 팀원이 분위기를 전환하기 위해 "우리 노래방으로 2차 갈까요?" 하고 제안을 했다.

아뿔싸! 그런데 팀장은 노래방에 들어서자마자 마이크를 들더니 30분 동안 혼자서만 노래를 했다는 것이다. 다른 사람이 따라 부를라치면 마이크를 빼앗고 마치 자신의 콘서트장인 것처럼 '다른 사람은 잠자코 들어!' 하는 분위기였다나. 흥도 안 나는 노래방에서 팀원들이 점점 지쳐갈 때쯤 화장실에 다녀오겠다며 팀장이 밖으로 나갔는데, 알고 보니 그길로 집으로 돌아갔다는 것이다. 물론 노래방 비용은 나머지 팀원들이 돈을 모아 냈다고 했다. 그러니 뒷말이 안 나올 수 없다.

회식이라는 것이, 동료들끼리 어울려 힘든 일도 서로 나누고 위로하며 사기를 북돋아 주기 위한 자리가 아닌가. 적어도 모임의 수장이라면 직원들이 가슴속에 쌓아두었던 말을 들어주고, 도닥여주는 역할에 충실해야 하는데 그 팀장은 자기 스트레스를 푸는 데만 충실했던 모양이었다.

다른 사람의 말을 들어주는 데 인색한 사람은 리더가 되어서도 그 자리를 오래 유지하기가 어렵다. 다른 사람을 향해 귀를 열어 두지 않으면 조만간 그 귀로 자신을 비난하는 소리를 듣게 될 것이다. 반대로, 의자를 바싹 끌어당겨 앉은 채 상대방의 이야기에 감탄하고, 고개를 끄덕이고, 집중하면서 중요한 것들을 메모하며 듣는다면 당신은 상대방으로부터 신뢰를 얻게 될 것이다. 그리고 최고의 협상가나 성공한 비즈니스맨으로서 명성을 얻게 될 것이다.

거짓을 말하지 말고, 말한 것은 반드시 지킨다

영국 속담에 "지혜는 들음으로써 생기고 후회는 말함으로써 생긴다" 라는 말이 있다. 상대방의 말을 경청할 때 지혜가 생기고, 사람들과의 관계가 좋아지며, 결국 그것이 성공으로 가는 디딤돌이 된다. 말 없는 사람이 실수하는 경우보다 말 많은 사람이 실수하는 경우가 많은 이유는 자신이 내뱉은 말을 실천하지 못하기 때문이다.

우리는 '말 많은 사람', '말 잘하는 사람', '말을 실천하는 사람'을 흔히 혼동하곤 한다. 성공을 말할 때 가장 중요한 것은 '말을 실천하는 사람', 즉 신뢰할 수 있는 말을 하는 사람이 되는 것이다. 하기는 쉬우나 지키기는 어려운 것이 '말'이다. 이러한 사실을 명확히 알 수 있는 곳이 정치판이다. 얼마 전 야당 대표가 이런 말을 했다.

"정치인은 후보되기 전과 후보된 후 다르고, 대통령이 되면 또 달라지더라. 내가 이제 사람을 믿을 수 없게 되었다."

정치인은 말이 바뀌고 때에 따라 사람까지 바뀐다는 사실을 고백한 것이다. 굳이 설명하지 않아도 투표권을 가진 사람이라면 이 말이 무슨 뜻인지 잘 알 것이다. 정치인에게 이미 여러 번 배신감을 맛보았기에 '그 놈이 그 놈'이라며 아예 투표를 포기하는 사람도 봤다.

그러나 이것이 비단 정치인들만의 이야기일까?

우리 주변에는 말만 앞세우고 그 말을 실천하지 않는 사람이 부지기수다. 오히려 자신의 말을 실행으로 옮기는 사람이 희귀하다 보니 당연한 일이 대단한 것으로 평가받기도 한다. 어쨌든 분명한 것은, 우리는 진실하지 않은 사람을 신뢰하지 않는다는 것이다.

목숨을 걸고 자신이 한 말을 지킴으로써 귀감이 된 분이 있다. 우리에게 잘 알려진 독립운동가요 사상가인 도산 안창호 선생이다. 안창호 선생은 거짓말하기를 죽기보다 싫어했고, 진실이 아니면 말하지 않았으며, 약속은 그것이 누구와 한 것이든 반드시 지킨 분이다.

윤봉길 의사가 홍커우공원에서 폭탄을 던진 사건으로 일본 헌병들이 눈에 불을 켜고 독립군을 찾아 나서던 시기였다. 안창호 선생은 함께 독립운동을 하던 동지의 딸에게 "생일날 꼭 가겠다"라고 한 약속을 지키기 위해 집을 나설 채비를 했다.

"선생님, 지금 곳곳에 일본군 헌병들이 쫙 깔려 있다고 합니다. 지금 가시면 위험합니다."

동지들은 그의 외출을 말리고 나섰다.

"하지만 어린 아이와 이미 약속했소. 약속을 했으면 지켜야지요."

동료들의 만류에도 불구하고 안창호 선생은 생일에 참석하고 돌아오다가 그만 일본 헌병에게 붙잡히고 말았다. 그리고 모진 옥고를 치르고 끝내 숨지고 말았다.

"죽더라도 거짓이 없이 하여라. 꿈에라도 거짓을 말했거든 깨어나서 반성하라."

평소에 그렇게 말씀하시던 선생은 죽음으로써 그 말씀을 지켰다.

누군가는 안창호 선생의 행동을 무모하다고 할지도 모른다. 약속이 목숨보다 더 중요하냐고 물을 수도 있다. 그러나 한편으로는 이런 생각이 든다. 당시 우리나라는 일본에게 주권을 빼앗기고 남몰래 독립운동을 해야 했기 때문에 누가 독립운동가이고 누가 일본의 앞잡이인지 알기 어려웠다. 독립운동가가 변절을 하고 일본의 앞잡이 노릇을 하는 일도 있었다. 서로가 서로를 믿지 못하는 상황에서, 선생은 진실함을 더욱 갈구하셨는지도 모른다. 적어도 독립운동을 하는 사람이라면 자신이 한 말에 대해서는 반드시 신뢰를 지켜야 한다고 생각하셨을 것이다.

어린 소녀와의 약속마저도 저버리지 않았던 선생의 의지가 얼마나 대단한지, 새삼 고개가 숙여진다.

말하는 대로 생각하는 대로

'양파를 심어 놓고 한쪽에는 긍정적인 말을 하고 다른 한 쪽에는 부정적인 말을 했을 때 긍정적인 말을 한 쪽의 양파가 더 잘 자란다' 라는 이야기를 어딘가에서 들어보긴 했지만, 그것이 얼마나 과학적인 근거가 있는지는 확신하지 못했다.

그런데 몇 년 전 텔레비전 방송에서 한글날 특집으로 '말의 힘' 에 관한 실험을 했다. 정말 말이 어떠한 에너지를 발휘하긴 하는 건지 직접 실험을 통해 확인해 보겠다는 것이었다.

밥을 지은 다음 유리병에 똑같이 나눠 담고, 한쪽에는 "고맙다" 라는 이름표를 붙이고 다른 한쪽에는 "짜증 나" 라는 이름표를 붙였다. 그리고 몇몇 아나운서에게 병을 두 개씩 나눠준 다음, 날마다 그 병에 대고 이름표에 적힌 말들을 반복하도록 부탁했다. 그렇게 한 달이 지나자 놀라운 변화가 나타났다. "고맙다" 라는 말을 반복해서 들은 밥알에는 하얗고 뽀얀 곰팡이가 누룩 냄새를 풍기고 있었고, "짜증 나" 라는 말을 들은 밥알에는 검푸른 곰팡이가 피어 뚜껑을 열었을 때 썩은 냄새가 진동했던 것이다.

밥알 실험에 이어 두 번째 실험을 했다. 그룹을 둘로 나눈 다음 한쪽에는 노인을 연상시키는 단어, 그리고 다른 한쪽에는 젊은이를 연상시키는 단어카드를 각각 30개씩 준 다음 5분 안에 3개의 문장을 만들도록 했다. 첫 번째 그룹에게 주어진 단어는 쓸쓸한, 외로운, 전원주택, 보수적인, 의존적인 등이었고, 두 번째 그룹에게 주어진 단어는 열정적인, 희망, 꿈, 실행력, 연애, 엠티 등이었다.

두 그룹의 사람들이 실험에 참가하기 위해 건물로 들어가서 책상에 앉기까지의 걸음 속도는 거의 비슷했다. 그런데 단어를 보고 문장을 완성한 다음 건물 밖으로 나설 때의 걸음걸이에는 차이가 있었다. 첫 번째 그룹의 사람들은 실험 전에 비해 걸음 속도가 2초 32 느려졌고, 두 번째 그룹은 2초 46 빨라졌던 것이다.

이것은 1995년 예일대학교의 존 바그John Bargh 박사가 연구한 '프라이밍 효과priming effect, (점화 효과)'를 다시 한 번 실험으로 입증한 것으로, 존 바그 박사는 "뇌는 자신도 모르게 실제 자극을 받은 것처럼 행동할 준비를 한다. 그만큼 언어의 힘은 강력하다"라고 말했다.

텔레비전 프로그램을 보고 적잖이 가슴이 두근거렸다. 내가 한 '부정적인 말'이 나를 '부정적인 사람'으로 만든 것은 아닐까 불안했다.

'내가 오늘 무슨 말을 했지? 요 근래 힘들어서 부정적인 말을 많이 한 것 같은데……. 혹시 그 말 때문에 힘든 일이 더 많이 생긴 것은 아닐까?'

우리의 뇌는 긍정적인 말보다 부정적인 말을 더 잘 기억한다는 실험 결과도 있다. 그 이유는 부정적인 말이 감성이나 정서를 담당하고 있는 뇌를 활성화시켜 불안과 공격성을 기억에 남기기 때문이다.

힘든 일에 부딪혔을 때 넋두리처럼 내뱉는 말들이 있다.

"나는 왜 이럴까?"

"안 돼. 나는 못 해."

"먹고살기 참 힘드네."

"아니, 이런 바보 같은 짓을……."

결국 이런 말들이 사람을 어떻게 변화시키는지, 우리는 실험을 통해 확인했다. 자, 그렇다면 오늘부터는 어떤 말을 해야 할까? 자신이 발전하고 변화하길 원한다면 그대로 말해 보라. 그러면 그렇게 될 것이다.

말하는 대로

나 스무 살 적에 하루를 견디고 / 불안한 잠자리에 누울 때면 /
내일 뭐 하지 내일 뭐 하지 걱정을 했지
두 눈을 감아도 통 잠은 안 오고 / 가슴은 아프도록 답답할 때 /
난 왜 안 되지 왜 난 안 되지 되뇌었지

말하는 대로 말하는 대로 / 될 수 있다곤 믿지 않았지 / 믿을 수 없었지
마음먹은 대로 생각한 대로 / 할 수 있단 건 거짓말 같았지 / 고개를 저었지

그러던 어느 날 내 맘에 찾아온 / 작지만 놀라운 깨달음이

내일 뭘 할지 내일 뭘 할지 꿈꾸게 했지

사실은 한 번도 미친 듯 그렇게 / 달려든 적이 없었다는 것을

생각해 봤지 일으켜 세웠지 내 자신을

말하는 대로 말하는 대로 / 될 수 있단 걸 눈으로 본 순간 / 믿어 보기로 했지

마음먹은 대로 생각한 대로 / 할 수 있단 걸 알게 된 순간 / 고갤 끄덕였지

마음먹은 대로 생각한 대로 / 말하는 대로 될 수 있단 걸 / 알지 못했지 그땐 몰랐지

이젠 올 수도 없고 갈 수도 없는 / 힘들었던 나의 시절 나의 20대

멈추지 말고 쓰러지지 말고 / 앞만 보고 달려 너의 길을 가

주변에서 하는 수많은 이야기 / 그러나 정말 들어야 하는 건

내 마음 속 작은 이야기 / 지금 바로 내 마음속에서 말하는 대로

말하는 대로 말하는 대로 / 될 수 있다고 될 수 있다고 / 그대 믿는다면

마음먹은 대로 (내가 마음먹은 대로) / 생각한 대로 (그대 생각한 대로)

도전은 무한히 인생은 영원히

말하는 대로 말하는 대로

말하는 대로 말하는 대로

— 〈무한도전〉 처진 달팽이의 '말하는 대로' 가사

말로 먼저 세계를 지배한 칭기즈칸

나폴레옹은 유럽 대륙을 가장 넓게 점령했고, 히틀러는 그 땅의 두 배를 점령했으며, 알렉산더는 나폴레옹과 히틀러가 점령한 땅보다 더 넓은 땅을 점령했다. 그러나 나폴레옹, 히틀러, 알렉산더가 차지한 땅을 다 합한 것보다 더 넓은 땅을 점령한 사람이 있었으니, 그가 바로 칭기즈칸이다.

어린 칭기즈칸이 "해가 뜨는 곳에서 해가 지는 곳까지 내 영토로 만들리라"라고 말했을 때, 사람들은 비웃었다. 아홉 살 때 아버지를 잃고 마을에서 쫓겨났으며, 들쥐를 먹으면서 살던 아이가 한 말을 그 누가 믿었겠는가. 그러나 칭기즈칸은 자신의 말을 그대로 실천해서 중국 북경에서부터 몽골은 물론 러시아, 중앙아시아, 동유럽 일대까지 영토를 넓혔다.

칭기즈칸의 병사는 불과 10만 명. 그들이 전쟁에 나가 백전백승할 수 있었던 데는 이유가 있었다. "그가 물로 가라 하든 불로 가라 하든, 나는 간다. 그를 위해 간다"라는 것이 몽골 병사들의 마음가짐이었기 때문이다. 부하들의 신뢰가 이렇듯 대단했기에 칭기즈칸은 그들의 충성을 바탕으로 세계 정복에 나선 것이다. 칭기즈칸은 공명정대했고, 자신이 한 말을 반드시 지킴으로써 신뢰가 있었으며, 포용력으로 포로와 노예까지도 자신의 편으로 만드는 특별한 능력이 있었다.

칭기즈칸은 이렇게 말했다.

"리더는 말을 많이 해선 안 된다. 말이 아니라 행동을 통해 자신의 생각을 보여줘야 한다. 지도자는 백성이 행복해지기 전에는 결코 행복해질 수 없다."

이런 생각을 가지고 있는 지도자라면 어느 백성이 신뢰하고 따르지 않겠는가.

어린 칭기즈칸이 말로 세계 정복을 선언하지 않았다면 그것은 이루어지지 않았을지도 모른다.

"해가 뜨는 곳에서 해가 지는 곳까지 내 영토로 만들리라"라는 자기선언을 큰소리로 외치는 순간 에너지가 만들어져 결국 말을 이루게 된 것일지도 모른다. 앞서 살펴봤던 것처럼 그것이 바로 말이 갖는 힘이기 때문이다.

칭기즈칸은 배운 것이 없어 자신의 이름조차 쓰지 못했지만 항상 다른 사람의 말에 귀를 기울여 새겨들었다고 한다. 칭기즈칸은 "내 귀가 나를 가르쳤다"며 경청의 중요성을 강조하기도 했다. 열린 귀를 가지고 있었기에 포로와 아라비아 상인들을 통해 적들의 정보를 들을 수 있었고, 그 정보를 바탕으로 작전을 세워 전쟁을 승리로 이끌었다.

자신이 한 말을 행동으로 보여주는 사람

'믿고 보는 배우'라는 말을 들어보았을 것이다. '그 배우가 나오는 영화나 드라마는 다 재미있더라'라는 신뢰를 밑바탕으로 한 말이다. 배우의 연기력, 대본을 선택하는 안목을 인정하기에 작품이 아닌 배우를 보고 어떤 영화나 드라마를 볼지 선택하는 것이다. 그래서 '믿고 보는 배우' 라는 수식어가 붙은 배우는 더욱 신중하게 대본을 고르고 연기 한 장면 한 장면에 심혈을 기울이게 된다. 이것이 선순환 될 때 우리는 배우에 대해 더욱 두터운 '신뢰'를 갖는다.

신뢰는 눈에 보이지 않으니 단번에 증명할 길이 없다. 누군가 "저를 믿으십시오!" 하고 말하는 순가 그 사람에 대한 신뢰가 급 추락한다. "너 나 못 믿어?" 하는 말도 마찬가지다. 신뢰는 입에 올리는 순간 사라져 버린다.

그렇다면 신뢰를 얻기 위해서는 어떻게 해야 할까?

신뢰는 말로 해서 생기는 것이 아니다. 행동으로 만드는 것이다. 자신이 한 말을 행동으로 실천할 때, 굳이 '신뢰'를 들먹이지 않아도 신뢰가 생긴다.

예를 들어, 한 가족의 모습을 살펴보자.

"날씨도 좋은데, 이번 주말에는 가족 소풍 가자. 저쪽에 기가 막힌 맛집이 있다고 하니 놀이공원 갔다가 맛집에서 맛있는 것 먹자" 라고 남편이 말을 했다. 늘 바쁘다는 핑계로 주말에는 잠만 자던 남편인지라 그 말이 어찌나 반가운지 아내와 아이들은 주말이 오기만을 손꼽아 기다렸다. 그러나 금요일에 잔뜩 술을 마시고 들어온 남편은 토요일이 되자 '내일 가자. 오늘은 피곤해서 좀 쉬어야겠다' 며 약속을 다음날로 미뤘다. 아내와 아이들은 실망하긴 했지만 '내일 가도 되지, 뭐' 하며 남편을 이해해 주었다.

드디어 일요일. 아내는 오랜만에 화장을 하고 서둘러 외출 채비를 했다. 아이들도 기분 좋게 일어나 재잘재잘 떠들어대면서 외출 준비를 했다. 그러나 문제는 남편이었다. 남편은 일어났다가 화장실 한번 다녀오더니 "30분만 더"를 외치고는 다시 잠을 자러 들어가 버렸다. 아내와 아이들은 실망하고 화가 났지만 30분 뒤에는 아빠가 일어나 소풍을 함께 가줄 거라고 믿었다.

그렇게 30분이 지나고, 다시 1시간이 지나고……. 점심때가 되자 아이들은 배가 고프다며 밥을 달라고 했고, 아내는 차려 입은 옷을 갈아 입은 다음 밥상을 차렸다.

"얘들아, 아빠 나오시라고 해. 진지 드시라고."

남편은 부스스한 얼굴로 나와서 차려진 밥상에서 밥을 먹더니 텔레비전 리모컨을 들었다.

"아빠, 소풍 가기로 했잖아요."

막내가 볼멘소리를 하든 말든, 남편은 소파에 벌렁 드러눕더니 텔레비전을 켰다.

"오늘 빅매치가 있단 말이야. 이거 금방 끝나거든. 이 경기만 보고 가자."

아내는 당장 잔소리가 쏟아져 나올 것 같았지만 남편 속을 긁어 봤자 좋을 것이 없다고 생각하고 아이들을 달랬다.

"그래, 얘들아. 아빠 축구 보실 동안 잠깐 기다려 주자. 엄마도 그 동안 세탁기 좀 돌릴게."

그렇게 두 시간쯤 지났는데, 막내가 눈물이 그렁그렁해서 엄마에게 달려왔다.

"엄마, 아빠 자!"

남편은 언제부터인가 잠을 자고 있었던 모양이다. 실망하고 지친 아이들의 표정을 읽은 아내는 화를 간신히 참으며 말했다.

"아빠 오늘은 못 가실 것 같으니까 엄마랑 가자. 자, 준비해. 늦게 출발하는 거니까 오늘은 밤늦게까지 신나게 놀다 오자."

아내와 아이들은 서둘러 놀이동산에 갔다가 근처에서 저녁을 먹고, 아이스크림 전문점에 가서 아이스크림까지 먹은 다음 늦은 시간에 집으로 돌아왔다. 물론 아내는 집을 나서기 전에 휴대폰을 가방에서 꺼내 화장대 위에 올려두고 나왔다.

집에 돌아오자 소파에서 누워 텔레비전을 보고 있던 남편이 벌떡 일어나면서 화를 냈다.

"어디 갔었어? 휴대폰은 왜 안 가져간 거야? 배고파 죽겠네. 여태 밥도 못 먹었잖아."

그러나 아내는 말대꾸도 하지 않고 옷을 갈아입으러 방으로 들어갔다.

"석준아, 어디 갔었니? 놀이동산에 다녀온 거야?"

아이의 얼굴에 있는 보디페인팅을 보고 남편이 물었지만 아이도 말없이 자기 방으로 들어가 버렸다.

"야! 저게 버릇없이……. 승아야, 쟤 왜 저러니?"

남편은 어이가 없다는 듯이 딸에게 물었다.

"왜 그러는지 몰라? 아빠 진짜……. 이젠 아빠가 무슨 말을 하든 절대 안 믿을 거야."

딸 또한 찬바람을 풍기며 자기 방으로 들어가 버렸다.

흔하게 볼 수 있는 요즘 풍경이다. 늘 바빠서 가족과 함께하지 못한 것이 미안하고 아쉬운 아버지의 마음을 이해할 수 있다. 그러나 자신이 먼저 한 약속을 깨버리는 순간 아이들의 마음속에서 아버지에 대한 신뢰가 깨졌다. 아내 또한 마찬가지다. 번번이 공수표를 남발하던 남편이지만 '그래도 이번에는 안 그러겠지' 하는 마음으로 믿고 있다가 '혹시나'가 '역시나'로 바뀌는 순간 신뢰가 무참히 깨져 버렸다. 이제 딸아이 말대로, 아버지 말이라면 콩으로 메주를 쑨 대도 안 믿을 판이다.

이러한 예는 우리 가정에서 일어나는 사소한 일로 보이지만, 사실 우리 주변에서 번번이 일어나고 있는 '신뢰'에 관한 문제다.

회사 대표가 지나가는 말로 "올해 못 쓴 휴가, 연말에 정산해 줄게요"라고 한 말을 믿고 직원들은 잔뜩 기대에 부풀어 열심히 일을 한다. 그런데 막상 연말이 되자 "매출이 이 모양인데 휴가 못 쓴 거 정산해 달라니, 그게 말이 됩니까?" 하고 버럭 화를 낸다면 직원들은 어떤 생각을 하게 될까? 아마 그 뒤로는 열심히 일하는 직원도 없을 것이고, 회사는 더욱 어려워질 것이다. 대표에 대한 신뢰가 없기에 일할 의욕도 잃은 것이다.

대통령이나 국회의원도 마찬가지다. 역대 대통령들은 선거에 앞서 내세운 공약을 채 20퍼센트도 지키지 못했고 국회의원들의 공약 이행률도 제각각이다. 번번이 지켜지지 않다 보니 이제는 누구나 공약公約을 '뻔한' 약속으로 생각한다. 공약空約이 되어 버린 것이다. 대통령을 비롯한 정치인에 대한 신뢰가 떨어질 수밖에 없는 근거다.

우리가 원하는 것은 '말 잘하는 사람'이 아니다. '자신이 한 말을 행동으로 보여주는 사람'이다. 그런 사람은 주변 사람들에게 신뢰를 얻어 반드시 성공할 수 있다.

05

Story_ 자기철학

나의 스토리가 바로 나다

자기철학이란 '자신이 가는 길이 인간으로 옳은 것인가'를 가늠하는 기준이다. 자기
철학을 갖고 있을 때 비로소 주체적인 삶을 살아갈 수 있다. 다른 사람의 시선을 의식
하지 않고 자기 삶 속의 주인공이 될 때 성공이 만들어진다.
자기철학은 현장 경험과 '독서'라는 간접경험을 통해 만들어진다. 자기주장만 펼치는
그릇된 틀에 스스로 갇히고 싶지 않다면, 다양하고 많은 책을 읽어 지성을 깨우고 자기
신념의 폭을 넓혀야 한다. 이것이 성공 스토리를 만드는 핵심이다.

삶의 가치는 자기 신념에서 나온다

세계의 고전이자 2000여 년 중국의 역사를 담고 있는 사마천司馬遷의《사
기史記》는 많은 학자들에 의해 '인간의 본질을 가장 날카롭게 파헤친 인간
학의 보고寶庫'로 평가받는다.《사기》는 사마천이 아버지의 유언을 받들어

20여 년에 걸쳐 완성한 130편의 역사서로, 사마천은 죽기 바로 전까지 《사기》를 완성하는 데 심혈을 기울였다고 한다.

사마천은 우리에게 훌륭한 학자로 알려져 있지만 그의 인생은 결코 순탄하지 않았다. 친구인 이릉李陵을 변호하다가 황제의 눈 밖에 났고, 그로 인해 옥에 갇혀 사형을 기다리는 신세가 되었다. 사실 이릉과 사마천은 각별한 사이가 아니었다. 그런데 이릉이 승리할 때는 칭찬을 아끼지 않다가 그가 흉노족에게 잡혀 포로 신세가 되자 황제의 비위를 맞추기 위해 그를 비난하는 대신들을 보고 있자니 못마땅했던 것이다. 그래서 이릉을 변호하기 위해 나섰던 것이 불똥이 튀면서 목숨을 잃을 위기에 처하고 말았다.

당시 사형수가 사형을 면하는 방법에는 두 가지가 있었다. 하나는 나라에 50만 전을 바치는 것이고, 다른 하나는 궁형宮刑(중국에서 행하던 형벌 중 하나로, 죄인의 생식기를 없애는 형벌)을 당하는 것이었다.

먼저 사마천은 50만 전의 몸값을 구하기 위해 사방으로 돈을 빌려보았지만, 황제의 심기를 건드려 옥에 갇힌 그를 위해 돈을 내어줄 사람이 아무도 없었다. 잘못하면 한통속으로 오해를 받아 삶이 괴로워질 수도 있는 터라 아무도 도와주지 않았다. 그렇다면 나머지는 사형과 궁형 중 한 가지를 선택하는 것이었다. 궁형은 남자로서 매우 치욕스러운 형벌로, 대개의 사람은 궁형을 당하느니 차라리 사형을 선택했다고 한다.

그러나 사마천은 갈등하지 않을 수 없었다. 아버지의 유업을 이어 《사기》를 완성하겠노라고 약속했는데 그 일을 끝마치지 못한 채 죽임을 당하는 것이 억울했다. 그리고 그렇게 자신이 죽고 나면 억울함을 밝힐 기회도 없는 것이요, 황제의 비위를 맞추는 데만 온통 신경을 쓰고 있는 대신들은 앞으로도 계속 그렇게 살아갈 것이 뻔했기 때문이었다.

결국 긴 고민 끝에 사마천은 궁형을 택했다. 그리고 죽기 전까지 《사기》를 완성하는 데 온힘을 기울였다.

사마천이 처음 궁형을 당하고 집으로 돌아왔을 때, 그의 집을 찾아온 친구가 조롱하듯 말했다.

"나 같으면 차라리 죽음을 선택할 것이네. 궁형이라니, 자네는 부끄럽지도 않나?"

그러자 사마천은 대답했다.

"나 또한 간장이 꼬이고, 집에 조용히 앉아 있으면 정신이 멍하고, 길을 나서서도 어디로 가야 할지 막막하며, 궁형을 당하던 그때를 생각하면 식은땀으로 옷이 흠씬 젖는다네. 생각해 보게. 죽는 것이 어렵겠나, 죽음에 처한 그 순간이 더 어렵겠나?"

"음……."

"그러나 말일세, 나는 그렇게 억울한 죽음을 맞고 싶지 않았다네. 또한 《사기》를 완성하라는 아버지의 유언을 받들어야 했으며, 그리고 온갖 비리를 다 저지르면서 옳은 소리 한마디 못하는 대신들에게 내가 완성한 《사기》를 보여주고 싶었다네."

다른 사람의 시선을 의식했더라면 사마천은 당연히 사형을 선택했을 것이고, 그의 업적이 지금까지 남아 있을 리도 없었을 것이다. 그러나 모멸감과 치욕조차도 그의 의지를 꺾지 못했으며, 그의 선택이 있었기에 우리는 지금 방대하면서도 문화사적 가치가 큰 주옥같은 역사서인 《사기》를 볼 수 있는 것이다. 사마천이야말로 자신의 삶을 선택해서 온전히 주인공으로 살아온, 자기 정체성을 지닌 굳건한 자기신념의 소유자다.

내 영혼의 그 울림대로 살기

'이창우' 라고 하면 사람들은 화장품 세일즈를 하던 그때를 가장 많이 기억할 것이다. 보기 드문 연봉과 초고속 승진, 신지식인 선정 등 괄목할 만한 성과를 이루었기 때문이다.

잘 다니던 제약회사를 나와 코리아나화장품 세일즈를 한다고 했을 때 집안의 반대가 만만찮았다. 1999년 당시만 해도 남자가 화장품을 판매한다는 것은 상상하기 힘든 일로, 내가 입사한 코리아나화장품의 2만여 판매직원 중 남자는 유일하게 나 혼자뿐이었으니 그럴 만도 했다.

가까운 지인들은 "남자가 무슨 화장품 판매냐!" 라며 혀를 찼고, 고객들은 "혹시 외판을 가장한 치한?" 정도로 나를 경계했다. 그러나 나는 누구보다 잘해낼 것이라고 자신을 믿었으며 고객의 신뢰를 얻기 위해 누구보다 열심히 일했다. 그리고 마침내 입사 1년 반 만에 연봉 1억 원을 달성하며 안양지점 지부장으로 승진했다.

더 감사한 일은, 1999년 4월 매일경제신문사와 정보통신부에서 선정하는 신지식인 분야에 선정된 것이다. 그때 기뻐하시던 어머니의 눈물을 지금도 진한 감동으로 기억하고 있다.

이후 세일즈와 마케팅 분야에 눈을 떠 네트워크 마케팅에 뛰어들었다. 시장 규모와 수익 구조가 눈에 보이니 월급쟁이로 시간을 보내는 것이 너무 아까웠다. 나는 과거의 경험을 발판 삼아 일을 했고 덕분에 남들보다 빠르게 성장해 갔다. 활동이 눈에 띄었던지, 일을 하다 보니 여기저기 다른 업체에서 스카우트 제의가 들어왔다. 그렇지만 흔들리지 않고 한곳에 집중했고 덕분에 실적이 상승곡선으로 이어지면서 연봉도 점차 많아졌다.

연봉 6억, 월급쟁이로서는 상상할 수 없는 소득을 올리며 일하던 그때. 당연히 출근해야 하는 그 아침에 미치도록 출근하기가 싫었다. 여느 때처럼 새벽 5시에 눈이 번쩍 떠져서 정신이 또렷한데 몸이 움직이질 않아 다시 눈을 감아 버렸다.

'나는 오늘 아픈 거야. 너무 아파서 출근할 수가 없는 거야. 전화도 받지 말고 문밖에도 나가지 말아야지. 왜, 어디가 아프냐고 물어보면…… 음, 그러니까…….'

온갖 핑계를 떠올리며 그중 가장 그럴싸한 것이 무엇일까 따져 보았다.

다음 날도, 그리고 그 다음 날도 출근하지 않았다. 아니 출근하지 못했다. 그러다가 문득 알게 되었다.

'사는 게 참 재미없다!'

신나서 미친 듯이 일할 때는 재미있었다. 사람들이 나를 어떻게 생각하든 상관없이, 재미있어서 일을 했다. 그런데 그 일이 더 이상 재미없어진 것이다. 단지 고액의 연봉 때문에 시계추처럼 왔다갔다 움직이며 아등바

등 매달려 있는 느낌이랄까…….

내가 하는 일에 자부심이 없었고, 자존감이 바닥에 떨어진 상태였다. 남들이 보기에는 잘나가는 마케터, 똑 소리 나는 명강사였지만 내 스스로 보람을 찾을 수 없었다. 고치를 틀고 모습을 감춰 버린 자존감을 되살려 하늘로 훨훨 날도록 만드는 것이 무엇보다 중요했다.

그렇게 며칠을 끙끙 앓다가 툭툭 털고 일어나 회사에 갔다. 원인을 알고나니 회사 가는 일이 더 이상 두렵지 않았다. 회사에 가서 사표를 내자 주변 사람들의 눈이 휘둥그레졌다. 딱히 회사와 문제가 있었던 것도 아니요 사람들과 마찰이 있었던 것도 아닌데, 며칠 결근을 하더니만 갑작스럽게 사표를 던지니 그럴 만도 했다. 그것도 억대 연봉을 받던 사람이 말이다.

그러나 6억이 아니라 10억, 100억 원을 준다고 해도 자존감이 사라져 버린 곳에서는 일할 수 없다는 게 내가 내린 결론이었다. 그러므로 사표를 내는 것이 당연했다.

현재의 삶이 너무 당연해서 자신이 쳇바퀴 속에 갇힌 다람쥐처럼 느껴질 때, 다시 한 번 자신을 일으켜 세울 자극제가 필요하다. 열정적으로 반응하고 따뜻하게 공감하면서 자신의 존재감을 확인하는 것, 그것이 인생에서의 성공아닐까?

"거꾸로 강을 거슬러 오르는 저 힘찬 연어들처럼"이라는 노래를 통해 잘 알려진 연어들의 이야기는 자연의 신비로움을 넘어 감동적이기까지 하다.

바다를 가로지르고, 강물을 거슬러 오르며 역경을 이긴 연어들은 자기가 태어난 곳으로 돌아와 알을 낳은 뒤 생을 마감한다고 한다. 연어의 삶은 그간 매너리즘에 빠져 살고 있던 나에게 늘 자극제가 되고 있다.

인간 중심이 아닌 사회에서 사람답게 살아가는 법

현대는 인간 중심 사회가 아니다. 당연히 사람이 일해야 할 자리에 기계가 서 있고, 인공지능을 갖춘 컴퓨터와 사람이 바둑 대결을 펼친다. 스탠포드 대학교 교수인 제리 카플란은 《인간은 필요 없다》라는 책을 쓰기도 했다.

시대의 흐름이 이렇다 보니 사람의 가치가 하락하고 사람으로서의 자존감이 낮아지고 있다. 뉴스 사회면을 가득 채우는 엽기적인 살인 행각들은 이러한 시대적 반영으로 보인다. 이럴 때일수록 사람답게 살기 위해서는 '자기철학'이 있어야 한다. 자신이 어떻게 살고 있는지, 어떻게 살고 싶은지를 비춰볼 수 있는 거울이 필요하다.

자기철학이 없는 사람은 자신이 하는 일과 행동에 대한 옳고 그른 판단을 다른 사람에게 맡긴다. 자신이 판단하기 이전에 '내가 이렇게 행동했을 때 사람들이 어떻게 생각할까?'를 먼저 생각한다. 대학 진학을 앞두고도, 사회에서 진로를 선택할 때도, 하물며 결혼까지도 자신의 의지가 무엇인지 모른 채 다른 사람의 말에 휘둘린다.

사람은 누구나 자기 삶을 살고 싶어 하지만 실제로는 그렇지 못한 경우가 많다. 자신이 주인공이 아닌 삶은 자기 것이 아니다. 세상의 모든 것을 다 가졌다 해도 그 안에 자기 자신이 없다면, 세상과 삶을 이해하는 자기만의 철학이 없다면 잠시 피었다 시들어버리는 꽃과 무엇이 다르겠는가.

"자기철학이요? 그게 뭔가요? 그런 건 전문가들이나 하는 거 아닌가요? 저는 철학이란 걸 배워 본 적도 없는데……."

사람들은 '철학'이라고 하면 철학자들이 내세우는 어려운 인생 상담쯤으로 생각하기 쉬운데 절대 그렇지 않다. 자기철학이란 '자신이 가는 길이 옳은 것인가'를 가늠하는 기준이다. 사소한 예를 들자면, "음주운전은 살인행위야. 난 어떠한 일이 있어도 음주운전은 하지 않겠어"라든가 "무언가를 선택할 때 '나에게 이익이 되는가'보다는 '모두에게 꼭 필요한가'를 기준으로 삼겠어" 등도 자기 철학 중 한 가지라고 볼 수 있다.

'어떻게 살 것인가?'라는 질문 앞에서 자신의 삶을 그려 말할 수 있다면 그 사람은 자기철학이 확실한 사람이다. 자신이 가진 신념, 꿈, 줏대가 확실할 때 삶이 흔들리지 않고 꿋꿋이 앞으로 나아갈 수 있다.

무슨 일을 하든, 어떤 상황이든 그것을 해석하는 자기만의 기준이 있어야 한다. 자기철학은 사람마다 다 다르기 때문에 그 사람의 향기이자 매력이며 개성이 될 수 있다. 때로는 그 사람의 에너지가 되기도 하며 '자기를 가장 자기답게' 만드는 비결이기도 하다. 그래서 영국의 철학자 밀J. S. Mill은 "배부른 돼지보다는 배고픈 소크라테스가 낫다"라고 말했다.

삶은 자신이 선택하는 것이다

테레사 수녀를 얘기할 때 우리는 '마더Mother' 라는 수식어를 붙이곤 한다. 가난한 사람들의 어머니 '마더 테레사' 그녀는 18세에 수녀가 되었고 인도로 파견되어 16년 동안 학교에서 아이들을 가르쳤으며 학교를 운영하는 교장이 되기도 했다. 그러나 그녀에게는 학교장으로서의 명예보다 길거리에서 가난과 질병으로 고통받는 사람들이 더 중요했다. 그래서 가장 미천한 인도 여자들이 입는 흰색 사리를 입고 거리로 나섰다. 그렇게 평생 사랑을 실천하며 살았기에 사람들은 테레사 수녀에게 '마더' 라는 위대한 칭호를 붙이는 것이다.

그러나 한편, 쓰레기를 뒤져 먹고 나병으로 살이 썩어 문드러지는 사람들을 씻기고 돌보는 그녀의 삶이 일반인들에게는 그리 행복해 보이지 않을 수 있다. 학교에서 아이들을 가르치는 일 또한 충분히 위대한 것이라고 생각할 수 있다. 그러나 테레사 수녀는 가난하고 병든 이들이 있는 곳에서 봉사하는 것이 하나님의 뜻이라 여기고 기쁜 마음으로 그들과 평생을 함께했다.

'바람의 딸' 로 불리는 한비야 씨도 마찬가지다. 전 세계의 위험지역을 돌아다니며 국제구호전문가로 활동하는 그녀의 삶은 늘 위험을 안고 있기에 일반인들은 엄두조차 낼 수 없다. 자신의 일을 단지 직업이라고 생각했다면 위험과 맞닥뜨렸을 때 두 손 들고 물러났을 것이다. 그러나 그녀에게는 남다른 사명감이 있었기에 기꺼이 자신의 일을 감수했다.

테레사 수녀도 그렇고 한비야 씨도 그렇고, 그들이 편하고 안정된 삶을 버리고 자신의 인생을 개척하는 데는 그들 나름의 철학이 있었다. 누구에게는 고통처럼 보이지만 그들에게는 자신을 위하는 일보다는 어려운 처지에 놓인 사람들을 위하는 일이 행복이었으며, 그러한 자신의 철학에 따라 살았다. '지구 위에서 함께 살아가는 우리 모두가 한 가족'이라는 생각을 갖고 있다면 결국은 '내 가족을 위해 할 수 있는 일을 지금 하고 있을 뿐'이라는 기막히게 멋진 말을 할 수 있는 것이다.

그런데 우리의 행복한 삶이 위협받고 있다. 아침에 일어나 잠자리에 들 때까지 한시도 우리 몸에서 떨어지지 않는 스마트폰이 바로 그것이다. 스마트폰을 통해 활성화된 SNS Social Network Services, 소셜 네트워크 서비스에 하루 동안 올라오는 수십 만 개의 글과 수백 장의 사진을 보면서 사람들은 상대적인 박탈감을 느낀다.

SNS 속 사람들은 맛있는 음식을 먹고, 멋있는 곳으로 놀러가고, 여유로운 한때를 보내며 행복한 표정을 짓는다. 그에 비해 자신의 삶은 초라하고 우울하기 짝이 없다. 다른 사람과 비교하고 경쟁하는 눈으로 자신을 바라보면 마치 낙오자요, 패배자처럼 보인다.

그러나 반대로 생각해 볼 필요가 있다. 자신이 SNS에 글을 올릴 때 가장 먼저 생각한 것은 무엇인가? 다른 사람들의 시선 아니었나? 남들에게 그럴싸하게 보이기 위해 몇 번이나 사진을 다시 찍고 글을 수정하지 않았나? 그렇게 현실보다 과장된 행복을 남들에게 과시하는 공간이 SNS임을 알아야 한다.

그리고 다시 한 번 생각해야 한다. 그렇게 남들에게 과시한다고 해서 정말 현실이 행복해졌나? '진실이 뭐가 중요해? 남들에게 보이기 위한 쇼윈도 삶이 내게는 더 중요해' 라고 생각하는 사람이 있을지는 모르겠다. 만약 그렇게 생각하는 이가 있다면 그 사람에게는 "지금 현실에서 살아가고 있는 사람이 과연 누구입니까?" 하는 존재에 대한 질문을 던지고 싶다.

남에게 보이기 위한 삶, 다른 사람이 정해 준 삶은 그 안에 혼魂이 깃들어 있지 않다. 정말 사람답게 살고 싶다면 자기철학을 갖고 스스로 선택한 삶을 살아가야 한다.

책 속 간접경험을 통해 만들어지는 자기철학

사람들은 자기의 잣대로 세상을 바라보고 분석하며, 판단한다. 길거리에 엎드려 구걸하는 걸인을 보면서 사람들은 제각각 생각한다.

'저 사람은 사지육신이 멀쩡한데 왜 일하지 않고 구걸하고 있는 걸까?'

'오며 가며 사람들이 꽤 돈을 던져주는 것 같던데, 저 거지는 하루 수입이 얼마나 될까?'

'보호 시설에 가면 좀 더 편하게 밥을 먹을 수 있을 텐데……. 얼른 신고해서 시설로 보내야겠다.'

'에잇, 기분 나빠! 아침부터 거지를 보다니. 공무원들은 다 뭐 하는 거야? 저런 사람들은 눈에 안 띄게 시설로 보내야 하는 거 아니야?'

과연 누구의 생각이 옳을까? 자신과 생각이 같은 사람을 두고 옳다고 선택하기 쉽지만, 사실 여기에서 누구의 생각이 옳거나 그르다고 판단하기는 쉽지 않다. 어떠한 판단을 내리기까지 그 밑바탕에는 근거가 될 만한 자기철학이 있으며, 자기철학은 과거의 경험과 지식, 다양한 감정 반응에 따라 만들어진 것이기 때문이다.

걸인을 보고 '기분 나빠' 혹은 '재수 없어'라고 말하는 사람은 명백히 인격에 대해 모독한 것이니 옳지 않다고 말해도 되는 거 아닌가? 그런데 만약 그 사람이 과거에 걸인으로부터 위협을 받거나 폭행을 당해 큰 상처를 입은 경험이 있다면, 그에게 걸인은 불쾌하고 위험한 존재로 인식되었을 수 있다. 걸인에게 돈을 줄 수도 있지만 일회적인 도움이 근원적인 해결책은 아니라고 판단하고, 나라에서 근원적인 복지 대책을 마련해 주었으면 하는 생각에서 공무원과 보호시설을 떠올렸을 수도 있다.

그렇기 때문에 누군가의 생각과 행동을 경솔하게 판단하고 평가할 수 없다. 그 사람의 경험치가 어떻게 되는지. 어떤 철학을 가지고 있는지 알지 못하기 때문이다. 자신의 판단 기준을 가지고 상대방을 평가했다가는 곧 자신이 옳지 않았음을 부끄러워하게 될 것이다.

"지부지상의 知不知尚矣

부지부지병의 不知不知病矣

모른다는 것을 아는 것이 매우 중요하다. 모른다는 것을 모르는 것이 곧 병이다."

이 말은 노자老子의 《도덕경道德經》에 나오는 말이다. 이 말은 곧 자신이 부족하고 아는 것이 없다는 자기반성과 각성이 필요하다는 뜻으로, 교만하지 말라는 가르침을 담고 있다.

자기 생각이 확고한 사람은 자칫 다른 사람의 이야기에 귀를 기울이지 않고 자기주장만을 내세우기 쉽다. 그러나 그것은 올바른 자기철학이 아니다. 철학은 자기를 주장하는 것이 아니라 상대방의 생각을 귀 기울여 듣고, 상대방과 나의 생각에 얼마나 차이가 있는지를 헤아린 뒤 그것을 인정하는 것이다. '이해' 하지 못하더라도 적어도 '인정' 해야 한다는 말이다.

그러나 고집스럽게 자기주장을 펼치며 그릇된 자기 생각의 틀에 갇혀 있는 사람이 너무나 많다. 많이 배우고 똑똑하다는 사람일수록 더 그렇다. 그래서 어떤 방식을 통해 자기철학을 만들어 가느냐, 그것이 매우 중요한 과제가 아닌가 싶다.

경험을 통해 자기철학을 쌓아 가는 것이 가장 빠르고 확실하지만 현실적으로 그것은 불가능하고, 대개는 책을 통한 간접경험으로 자기철학이 만들어진다. 내가 책을 많이 읽는 이유, 사람들에게 책을 많이 읽으라고 강조하는 이유가 바로 여기에 있다. 철학적 깨달음을 얻은 많은 이들이 책을 통해 생각을 공유하고 있으며, 내가 알지 못하는 지식도 책에 가득하다. 마치 보물상자처럼, 열기만 하면 그 안에 온갖 빛나는 지식과 지혜 그리고 훈훈한 미담까지 다 얻을 수 있다.

게으름을 떨치고 보물상자의 뚜껑을 열듯 책장을 넘겨보라. 그러면 그 안에 있는 것이 전부 당신 것이 될 것이다.

인생은 다른 사람이 대신 살아 주는 것이 아니다. 선택과 책임이 온전히 자신의 몫이다. 《명심보감》에는 "모든 사람이 옳다고 하거나 모든 사람이 그르다고 해도 자신이 직접 판단하여 결정하라"라는 말이 있다. 올바른 자기철학을 갖고 주체적으로 인생을 살아갈 때 자기의 길이 보일 것이다. 그리고 길을 따라가다 보면 그 끝에서 '성공'이라는 커다란 선물과 만나게 될 것이다.

06

Study_ 지식

앎이란 곧 권력이다

권력이 꽃이라면 지식은 씨앗

조선시대는 엄연한 계급사회로 양반과 평민, 노비가 존재했다. 그러나 양반이라고 해서 다 부자는 아니었으며 개중에는 평민이나 노비보다 더 가난하게 사는 양반들도 있었다.

한 마을에 체격이 좋고 서글서글한 성격 덕분에 사람들 사이에서 호평받는 청년이 살고 있었다. 비록 양반은 아니었지만 부지런히 농사를 지어 먹고사는 데는 문제가 없었다. 그는 자신의 삶에 아주 만족하면서 살았다.

그런데 한 가지, 그의 심사를 불편하게 만드는 일이 있었다. 바로 옆집에 사는 서생이었다. 자기가 열심히 일하고 있을 때 그는 방구석에 들어앉아 밤낮으로 글만 읽었다. 햇볕 한 번 못 본 얼굴은 핏기 없이 희고 몸집도 왜소했다. 가끔 땟거리를 얻으러 자기 집에 올 때마다 외면할 수 없어 쌀 한

줌씩 나눠 주곤 했지만, 사실 속마음은 그 한 줌마저 아까웠다.

어느 햇살 좋은 봄날 구슬땀을 흘리며 장작을 패던 청년은, 그날도 어김없이 글을 읽고 있는 서생을 향해 혀를 차며 한마디했다.

"참 한심하기도 하지. 이 일하기 좋은 날에 그까짓 책이나 읽는다고 해서 밥이 나오나 쌀이 나오나. 밥을 먹으려면 나처럼 열심히 일을 해야지, 일도 하지 않고 입으로 밥이 들어오기를 바라면 그것이 도둑놈 심보가 아니고 뭐겠어."

그러나 서생은 대꾸도 않고 계속 책 읽기에만 몰두했다.

어느덧 7년여 세월이 흘러 서생은 한양으로 과거를 보러 갔고 연락이 끊겼다. 그러던 어느 날 풍물패가 마을 곳곳을 돌아다니며 난장을 벌이고 놀이패들이 장터에서 한껏 재주를 부리는 등 온통 시끌벅적했다.

"무슨 좋은 일이 있나 보지?"

사람들은 재미난 구경을 하면서 서로 궁금해 했다.

"그러게나 말이야. 도대체 어떤 경사가 있기에 이렇게 떠들썩한 거래?

"몰랐어? 우리 마을 출신이 이번 과거에서 장원급제를 했잖아. 그래서 암행어사가 되어 오늘 우리 마을에 들른다고 하더라고."

"어이쿠! 우리 마을에 그런 인물이 살고 있었나? 어쨌든 대단한 자랑거리일세, 그려!"

사람들끼리 어울려 덩실덩실 춤을 추며 마을은 온통 축제 분위기였다. 그때였다. 멀리서부터 호령이 들려왔다.

"물렀거라, 암행어사 납신다!"

암행어사는 사모관대를 입고 개나리꽃을 꽂은 채 가마에 올라타고 천천히 마을을 향해 들어왔다. 사람들은 그 소리에 놀라 땅바닥에 넙죽 엎드려 고개를 조아렸다. 암행어사가 누구인지, 고개를 들고서 얼굴을 확인하는 일은 감히 엄두조차 못 냈다.

마을 청년은 암행어사가 누구인지 궁금해서 참을 수가 없었다. 그래서 슬그머니 고개를 들었다가 그만 심장이 철렁 내려앉고 말았다. 암행어사는 바로 자신이 한심하다고 혀를 찼던 옆집 서생이 아닌가. 청년은 행여 그가 자기를 알아볼까 봐 얼른 고개를 땅에 처박고 숨소리마저 죽였다. 한낱 글 읽는 것밖에 할 줄 모른다며 비아냥거렸던 서생이 암행어사가 될 줄 누가 알았겠는가.

세월이 흘러 그 서생은 암행어사에서 정승판서 자리까지 올랐고, 말 한마디로 나는 새를 떨어뜨릴 정도의 위세를 누렸다. 반면 마을 청년은 젊은 시절 말 한마디 잘못한 죄로 가슴 졸이며, 혹시라도 사람들의 눈에 띌까 봐 평생 고개를 숙이고 살았다고 한다.

이것이 배움의 힘이다. 배우지 않으면 큰 권력을 얻을 수 없다. 화려하게 피어난 '권력'이라는 꽃봉오리는 과거에 '지식'의 씨앗을 뿌리고 잘 가꾼 결과라고 할 수 있다. 성공하기를 바란다면 지식을 쌓아 실력을 키우고 내면을 지혜로 가득 채우는 일을 멈춰서는 안 된다. 그것이 개인의 절대 경쟁력이 될 것이다.

'아는 것' 보다 '할 줄 아는 것' 이 중요한 시대

《논어論語》에는 '삼인행필유아사三人行必有我師' 라는 가르침이 나온다. 이 말을 풀이해 보면 '세 사람이 길을 같이 걸어가면 그 안에 반드시 내 스승이 있다' 라는 뜻으로, 우리나라 속담 중 '세 살 아이에게도 배울 점이 있다' 라는 말과 일맥상통한다. 배움에는 끝이 없으며 스승이 따로 있는 것이 아니다.

내 할머니께서는 늘 말씀하셨다.

"공부 열심히 해라. 내가 배운 것이 없다 보니 사는 게 참 답답하더라. 남들은 척척 잘하는 일도 나는 왜 그렇게 겁이 나던지……. 불 꺼진 깜깜한 방에서 더듬더듬 물건 찾는 기분으로 평생을 산 게 후회돼."

할머니 시절에 여자들은 학교 근처에도 못 가본 분들이 대부분이라고 하셨다. 간신히 초등학교를 졸업한 몇몇 친구들은 서울로 유학을 가고 나머지는 마을에서 농사를 짓고 살았다. 처지가 고만고만하다 보니 딱히 불편할 것도, 비교할 사람도 없었던 것이다.

그러나 할머니가 나이를 먹는 것보다 세상의 변화와 발전 속도가 더 빨랐다. 그래서 어느 순간이 되자 앞서가는 세상을 따라가지 못한 채 낙오되고 말았다. 할머니는 그 이유를 '못 배워서' 라고 말씀하셨지만, 명확히 말하자면 '지식을 쌓지 못해서' 가 맞는 것 같다. 내가 중학교에 입학하고 얼마 지나 할머니께서 우리 집에 오셨는데, 할머니는 학교에서 돌아온 손자의 가방을 받더니 귀하게 보듬어 안고 한동안 그렇게 계셨다.

우리나라 사람들은 '공부하라' 라고 말하면 먼저 손부터 내젓는다. 공부하라는 말에 기분 좋게 "예" 하고 대답하는 학생이 과연 몇이나 될까? 초등학교 때부터 귀에 못이 박히도록 들은 말이니 지긋지긋할 만도 하다. 학교 성적이 좀 떨어지면 당장 엄친아(엄마 친구 아들), 엄친딸(엄마 친구 딸)과 비교되면서 루저loser 취급을 받는다.

공부 못하는 것이 최고 불효요 100점짜리 시험지를 효도로 알고 살아온 사람들한테 '공부' 라는 말이 주는 스트레스가 어느 정도일지는 말하지 않아도 충분히 공감할 수 있다.

그러나 내가 말하는 '공부' 는 시험을 보기 위해 달달 외는 그런 행위를 말하는 것이 아니다. 학교에서는 시험 성적을 높이기 위해 공부하고 성적으로 평가를 받지만 사회에서의 평가는 시험 성적과 조금 다르다.

청년 실업이 심각해지면서 앞 다투어 스펙 쌓기 경쟁을 하는 동안 '실력 없는 고高스펙자' 가 양산되면서 기업은 난감한 상황에 빠지고 말았다. '일 잘할 것 같아서 뽑았는데 시켜 보니 할 줄 아는 것이 없더라' 라는 것이다. 이제는 '아는 것' 이 중요한 시대가 아니라 '할 줄 아는 것' 이 중요한 시대가 되었다. 내가 말하는 '공부' 는 바로 이것이다. 시험을 보기 위한 지식이 아닌, 실력을 갖추기 위한 지식이다. 치열한 경쟁사회에서 생존하기 위해 갖춰야 할 기본 소양이다.

지식은 친구들과 있을 때는 멋진 액세서리이고 적과 있을 때는 훌륭한 무기가 된다. 남들보다 조금 더 공부하면 생존지수가 높아지는, 현대인의 필수 아이템인 것이다. '100세 인생' 이란 말이 낯설지 않은 요즈음 그 긴 인생을 갈아가는 힘은 배움이며, 끊임없이 배우고 발전하지 않으면 낙오되기 십상이다.

생존지수와 직결된 지식

천재는 태어날 때부터 뇌의 발달 상태가 남들보다 뛰어난 것일까? 물론 아니다. 태어날 때의 뇌는 누구나 비슷비슷한 수준이다.

'우리 아이는 네 살인데, 검사 결과 영재 판정을 받았어요. 원래부터 특별한 뇌를 가지고 태어났지만 표현할 방법이 없어서 감춰 두고 있다가 이제야 드러내는 것은 아닐까요?' 하고 생각할 수도 있다. 그러나 태어날 때 사람의 뇌는 25퍼센트 밖에 발달하지 않은 상태라고 한다. 나머지 75퍼센트는 성장하면서 완성되는 것이다. 그렇다고 해서 평생 뇌가 발달하는 것은 아니고 대개 태어난 이후부터 20세 전후까지 성장한다고 한다.

그 중 태어나서 세 살 이전까지 뇌 발달이 가장 왕성한데, 그 이유는 뇌를 구성하는 뉴런과 뉴런을 연결하는 시냅스가 활발하게 활동하기 때문이다. 이 시기에 외부로부터 어떤 자극을 받았느냐에 따라 뇌 발달 속도와 정도가 달라진다.

네댓 살의 아이가 천재적인 행동과 발달을 보인다면 그것은 뇌 발달이 가장 왕성한 세 살 이전의 시기에 긍정적이고 다양한 외부 자극을 받았기 때문이다. 그래서 건강하고 똑똑한 뇌로 성장한 것으로 보는 편이 타당하다. 이 시기에 뇌 활동이 좋으면 평생을 '머리 좋은 사람' 으로 살아갈 확률이 높다.

그렇다면 20세가 지난 성인이 '똑똑한 사람' 으로 살아가는 것은 불가능한 일일까? 이것 또한 아니다. 40~50세가 되어 기본적인 뇌의 발달은 끝났다 해도 지식을 쌓는 일은 평생 가능하다. 그리고 지식을 체화하여 완전히 자기 것으로 만들면 그것은 삶을 살아가는 크나큰 지혜가 된다.

마라톤을 할 때 다른 사람보다 100미터 앞에서 출발한다면 유리한 것은 사실이지만 엉뚱한 길로 달리거나 나태하다면 결코 월계관을 쓸 수 없다. 뒷줄에서 출발했다고 해도 묵묵히 노력하고 꾸준히 달리다 보면 승자의 자리는 바뀐다.

나이를 먹으면 삶을 이해하고 받아들이는 아량이 넓어지면서 지식이 곧바로 지혜로 쌓이는 경우가 많다. 암기력은 떨어지고 깜박깜박 잊기도 잘하지만, 습득한 지식을 체화하여 적용하는 속도가 빨라지는 것이다.

나는 지천명이 넘어서 다시 학업을 시작했다.

"하는 일도 많고 바빠서 정신없는 사람이 무슨 공부를 해!" 하는 사람도 있었고 "안정적인 직장 있겠다, 수입도 남부러울 것 없겠다, 다시 공부해서 뭘 하게?" 하고 묻는 사람도 있었다. 그러나 내게 배움이란 박사학위를 받기 위한 것이 아니라 '생존 수단' 이다. 정글 같은 이 시대에서 살아가기 위한 나의 무기다.

바쁜 시간 쪼개 가며 학업을 이어가는 것이 쉽지만은 않다. 그러나 그렇게 지식의 폭을 넓히고 다양한 사람들을 만나다 보면 내가 성장하는 것을 느낄 수 있어서 보람을 느낀다. 또한 공부를 하면서 쌓은 지식이 강의를 할 때 그 내용을 조금 더 수준 높고, 설득력 있고, 맛깔나게 전달하는 데 도움이 되었다.

흔히 "책과 친구가 되어라" 하고 말한다. 친구처럼 가까이 생각하고 늘 곁에 두면 점차 거리감이 좁혀질 것이다. 나도 처음에는 그랬다. 문장 하나가 좋아서 책을 통째로 샀고 그 책을 쌓아두기만 했다. 어느 날 문득 생각나면 두어 장 읽다 덮고, 다시 두어 장 읽다 덮고……. 그렇게 반복하다 보니 어니 새 한 권을 다 읽게 되었다. 다른 책들도 그런 식으로 한 권 한 권 읽어 나갔다.

그것이 습관이 되니 나중에는 책 읽는 속도가 빨라지고 이해력과 암기력도 좋아져서 책 한 권 읽는 데 많은 시간이 걸리지 않았다. 그렇게 10년쯤 지나서야 알았다. 책이 내 친구가 되어 있다는 사실을. 가장 가까이에서 내가 필요할 때 지혜를 주고, 격려해 주는 이, 그가 바로 친구가 아니던가.

지식과 지혜는 신분마저 바꾼다

농경사회에서 임금의 역할은 농사를 잘 지어 굶는 일이 없도록 돌보는 일이었다. 그래서 그 옛날에는 가뭄이 들고, 홍수가 나고, 태풍이 불거나 병충해가 생겨 흉년이 들면 그 모든 것을 임금의 부덕함 탓이라고 여겼다. 비가 안 와 논이 갈라지면 왕은 몸을 정결히 하고 백관을 앞장세워 기우제를 지냈다. 궁중 야사 중에는 궁궐 내 무속인을 두어 천체를 관할하도록 했다는 이야기도 있지만 기록으로 남은 것이 없으니 믿거나 말거나다.

어쨌든 임금의 옷에 용 무늬를 수놓고, 임금이 앉는 의자에 용을 새기고, 임금의 얼굴을 용안龍顔이라 하는 등, 물을 다스리는 용과 임금을 동일시하는 것은 농경사회의 특징으로 손꼽힌다.

역대 임금들은 궁중 내 농사를 연구하는 기구를 두어 좋은 품종을 얻기 위해 다양한 실험과 연구를 하고, 파종 방법과 시기를 연구하여 백성들에게 가르쳤다. 조선시대에는 임금이 학자들에게 시켜《농사직설》,《금양잡록》,《구황촬요》,《농가집성》,《색경》,《산림경제》,《해동농서》,《임원경제지》등 농업 관련 서적도 여러 권 펴냈다.

조선시대 농업기술이 눈부시게 발전한 데는 왕들의 노력도 있었지만 실제로 이 일에 참여했던 과학자들의 숨은 공로가 더 컸다. 조선시대 가장 어진 임금으로 추앙받는 세종대왕은 백성들이 평안하게 살 수 있도록 농업 진흥에 특히 신경을 썼는데, 세종대왕이 물시계인 자격루를 만든 뒤 친히 "만약 이 사람이 아니었다면 결코 만들어 내지 못했을 것이다"라고 할 만큼 세종이 아낀 과학자가 있었다.

그의 아버지는 원나라 사람이었고 어머니는 관기官妓(관청에 소속된 기생)였으며, 그는 조선의 법에 따라 태어나자마자 관노가 되었다. 천하디천한 노비였던 그가 어떻게 왕의 총애를 받는 과학자가 된 것일까?

비록 노비였지만 어머니로부터 글을 배워 익힌 그는 틈이 날 때마다 남몰래 공부를 했다. 천대받는 현실에서 벗어나 신분 상승을 하기 위해서는 그 길밖에 없다고 생각했기 때문이다. 어릴 때부터 손재주가 뛰어난 데다가 지식을 쌓아 영특함마저 갖추자 그 많은 관노 중에 단번에 눈에 띄었다.

그의 재주가 소문이 나자 궁궐에서는 그를 불러들여 궁노비로 승격시켰다. 그러나 작은 마을의 관노비든 궁궐에 있는 궁노비든, 노비는 천한 출신이기에 양반들로부터 사람대접을 받지 못했다. 그가 사람들에게 인정받을 수 있는 길은 끊임없이 공부하여 지식을 쌓고 그 지식으로 눈에 띄는 성과를 올리는 것뿐이었다. 궁궐에 들어와 견문을 넓힐 기회가 조금 더 많아지자 그는 닥치는 대로 책을 읽으며 지식을 쌓아 갔다. 그리고 마침내 세종의 눈에 띄어 궁노비의 신분에서 상의원 별좌, 정4품 호군, 종3품 대호군까지 오르면서 과학자로서 인정받게 되었다.

천문 관측기구인 간의대와 혼천의, 구리활자인 갑인자, 물시계인 자격루, 납활자인 병진자, 개선된 천문 관측기구인 대간의와 소간의, 해시계인 앙부일구, 현주일구, 천병일구, 정남일구, 시간과 계절을 알 수 있는 옥루, 비의 양을 잴 수 있는 측우기, 물의 양을 재는 수표 등 조선시대에 손꼽을 만한 발명품을 만든 이가 있었으니 그가 바로 장영실이다.

장영실은 비록 노비로 태어났지만 세종의 총애를 받아 조정대신들의 반대에도 불구하고 종3품의 벼슬에까지 올랐다. 계급사회에서 신분 상승을

144

이루기 위해 그가 읽은 책은 수레로 실어 나를 정도였다고 한다. 그러한 노력이 있었기에 우리나라 역사 속에서 가장 훌륭한 과학자로 이름이 기록된 것이다.

지식은 발전의 원동력

  친구들 중에 퇴직자들이 하나둘 생겨나고 있다. 희망퇴직, 조기퇴직 등을 신청하고 남들보다 몇 년 앞서 회사를 나온 사람들이다. 1년 정도는 그간 못 해온 일을 하겠다며 여행도 다니고, 골프도 치고, 사교댄스를 배우거나 요리 학원에 다니는 사람도 있었다. 그렇게 시간이 흐른 어느 날 친구의 안부가 궁금해서 전화를 걸었다.

  "요즘 어떻게 지내?"

  내심 친구의 한가한 삶이 부러워 근황을 물었다.

  "매일 똑같지, 뭐."

  친구의 목소리가 심드렁했다. 퇴직하고 얼마 안 돼 만났을 때는 활기가 넘치고 목소리도 쩌렁쩌렁했는데 그때와는 사뭇 달랐다.

  "그러지 마라. 다른 사람들은 널 얼마나 부러워하는데 그래. 벌써 잊은 거야? 회사 다닐 때는 밤낮없이 얼마나 힘들었어. 지금은 네가 그 시절을 잊어서 그렇지, 잘나가는 네 얼굴 한 번 보려면 번호표 받고 기다려야 했다."

"그래, 그때는 하루도 쉬지 않고 야근을 하고 주말에도 쉴 틈이 없었지. 그런데…… 지금 돌아보니 그때가 그립다. 참 열심히 살았던 것 같아. 몸은 고되어도 만족감이 있었으니 말이야."

"요즘은 사는 게 영 재미없나 보네."

"그런 건 아니고, 1년 정도 잘 놀고 나니 이제야 정신이 드는 느낌이랄까. 앞으로 30년은 더 살아야 할 텐데, 무얼 하면서 나머지 인생을 살아야 할지 걱정이 되더라고. 지난 30년은 후딱 흘러간 것 같은데, 앞으로 닥칠 30년을 생각하니 너무 긴 거야."

"하긴 그렇지. 뭐 하고 살건지는 생각해 봤어?"

"음……. 사실 사회대학원에 등록했어. 미술심리치료에 관심이 있어서."

"미술심리?"

"응. 그간 살면서 내가 힘들을 때, 누군가 나의 얘기를 듣고 조언해 주었으면 좋겠다 생각했거든. 친구들하고 술 한잔하면서 얘기하는 것도 좋지만 좀 더 체계적이고 심리적으로 풀어서 상담해 줄 사람이 필요했어. 그 기억을 되살려서, 가장들을 대상으로 한 심리상담소를 운영해 볼까 마음먹었지."

"우와! 대단하네. 그런 생각을 다 하다니. 그럼 요즘 다시 공부 시작한 거야?"

"응. 전문적인 공부를 하고, 지식을 쌓아야 하니까."

"멋지군. 그런데 미래 계획도 있겠다, 실천으로 옮겼겠다, 뭐가 걱정이야? 왜 그렇게 목소리에 풀이 죽었어?"

"휴!"

친구는 긴 한숨을 쉬었다.

"대학 졸업하고 책이란 걸 봤어야 말이지. 회사 일이라는 것이 보고서 만들고, 서류 정리하고, 팀원들 관리하고…… 그런 게 전부였잖아. 책 읽으면서 생각하고 지식 쌓을 틈이 없었는데, 갑자기 다시 하려니 여간 힘든 게 아니더라고. 한 학기도 마치기 전에 벌써부터 후회가 되는 거야."

"무슨 소리! 지금 힘든 것이 낫지 더 늙어서 고생할래? 지식은 쌓아 두면 다 네 재산이야. 당장은 쓰지 않더라도 언젠가는 쓸모가 생기거든. 그리고 배워야 미래가 열리는 거지, 가만히 앉아서 고민해 봐라. 생기는 것 없이 머리카락 빠지고 고민만 계속 쌓이지. 힘내라, 내가 열심히 응원할게."

친구끼리 편하게 주고받은 대화지만, 친구의 말이 내게 큰 자극이 되었기에 마음을 담아 친구에게 응원을 보냈다.

정년퇴직 55~60세. 평균수명이 80세를 넘었지만 반면 퇴직 시기는 점점 앞당겨지다 보니 노후를 대비할 틈 없이 나이에 떠밀려 퇴직을 맞는 형편이 되었다. 경제적인 준비는 물론이요 마음의 준비도 채 갖추지 못한 채 회사를 떠나고 보면 막막할 것이다.

'그간 내가 인생을 잘 살아왔나?' 하고 돌아보는 시기도 이 즈음이 아닐까 싶다. 거창하게 세계에 이름을 떨치고 나라를 구하는 성공이 아니라 '내 인생의 성공'을 짚어 보는 것이다. 사람들과 휩쓸려 다 같이 달릴 때는 모르다가 딱 멈춰 서면 다른 사람들이 얼마나 열심히 달리고 있는지를 알게 된다. 그때 '나는 이렇게 가만히 있어도 되나?' 하는 생각이 들면서 불안해지고, 뭐라도 해야 할 마음이 생기는 것이다.

이 시기에 가장 든든한 힘이 되는 것이 지식이다. 사람은 자신이 아는 범위 내에서 생각하고 행동하기에, 지식은 미래를 설계해 가는 기반이 된다. 열심히 달려가다가 어느 날 제자리에 멈춰 섰다면 자신의 지식 창고가 바닥나지 않았는지 점검해 볼 필요가 있다.

발전하지 않는 사람은 죽은 것과 마찬가지다.《대학大學》에서는 '일신우일신日新又日新' 이라 는 말로, 날마다 한 걸음씩 발전해 가야 함을 강조했다. 그리고 서양에서는 "구르는 돌에는 이끼가 끼지 않는다"라는 속담을 통해 노력하는 사람만이 발전할 수 있음을 말했다.

어제가 오늘 같고 오늘이 며칠 전 같은 그런 하루하루를 반복하면서 열심히 살았다고 말하지 마라. 열심히 산다는 것은 미친 듯이 쳇바퀴를 돌리는 것이 아니라 앞으로 나아가는 것이다.

지식은 '아는 것' 이 아니라 '실천하는 것' 이다

유태인들은 머리가 좋은 민족으로 알려져 있으며 세계적인 부호 중에도 유태인이 많다. 유태인 수는 전 세계 인구의 0.2퍼센트 밖에 안 되지만 노벨상 수상자의 22퍼센트, 아이비리그 학생의 23퍼센트, 미국 억만장자의

40퍼센트를 차지하고 있다.

혼히 세계를 움직이는 민족으로 유태인과 화교를 꼽는데, 거기에는 다 이유가 있다. 유대교의 율법, 전통적 습관, 축제·민간전승·해설 등을 총 망라한 유대인의 정신적·문화적인 유산인《탈무드》에는 세상의 지혜가 담겨 있다. 그래서《탈무드》는 세계 곳곳에서 이미 스테디셀러로 자리를 잡았으며 우리나라에도 번역본이 나와 있다.

《탈무드》와 관련해서 이런 일화가 있다.

미국 한 마을에 홍수가 나는 바람에 집이 잠기고 사람들은 인근 높은 건물이나 산 위로 대피를 했다고 한다. 너무 갑작스럽게 물이 불어난 탓에 집 안에 있던 돈이든 살림살이든 무엇 하나 가지고 나올 시간이 없었다. 그런데 그때 정신없이 집을 빠져나오던 유태인 아버지가 후닥닥 다시 집안으로 달려 들어가더니 뭔가를 하나 옆구리에 끼고 나왔다. 그것은 바로《탈무드》였다. 같이 피난을 가던 미국인이 그에게 물었다.

"그 책 한 권이 뭐 대단하다고 그것부터 챙깁니까? 당신은 부자이니 집 안에 큰돈이 될 만한 물건들이 꽤 있었을 거 아닙니까?"

"돈이야 있다가도 없고 누군가가 훔쳐갈 수도 있지만 머릿속의 지혜는 누구도 훔쳐갈 수 없습니다. 그렇게 소중한 지혜를 담고 있는 책이 바로 《탈무드》입니다."

유태인들은 돈보다 중요한 것이 지혜임을 아는 민족이기에 히틀러의 모진 탄압을 이기고 세계를 움직이는 민족이 된 것이다.

100여 년 전만 해도 원한다고 해서 누구나 배울 수 없었으며, 신분이 낮은 사람이나 여자들은 지식이 있다고 해도 맘껏 펼쳐 보일 수 없었다. 그러나 지금은 누구든 원하면 공부할 수 있고 컴퓨터나 휴대폰을 열면 세계 최고 석학의 강의도 하루 종일 공짜로 들을 수 있다. 노력하기만 한다면 원하는 모든 지식을 만날 수 있다.

그 말은 곧 성공의 기회가 누구에게나 열려 있다는 뜻이다. 단, 지식이 누구에게나 평등하게 공개되자, 지식과 정보가 부족하면 남들이 다 아는 사실을 자기만 몰라서 소외감을 느낀다거나 열등감에 빠질 수 있다. 그리고 지식이 부족한 사람은 곧 노력하지 않는 사람이라는 사회적 인식도 있다.

그 옛날에는 학력, 학벌을 지식과 동일하게 여겼으나 현대에는 살아 있는 지식과 지혜를 온전한 지식으로 평가한다. 옛날에는 책 속에 있는 지식이 이 세상에 존재하는 지식의 전부였다. 그것조차 귀해서, 책 속의 지식만 가지고도 살아가는 데 큰 힘이 되었다. 그래서 지식을 가르치는 선생이란 직업이 선망의 대상이었고, 임금과 스승과 부모를 동일시하는 '군사부일체君師父一體'란 말을 높이 받들었다.

그러나 100여 년 전의 '지식'과 오늘날의 '지식'에는 차이가 있다. 현대의 지식은 단순히 책 속에 있지 않다. 책 속에 잠자고 있는 지식은 살아 있는 지식이 아니다. 그래서 단순히 아는 것이 많은 사람을 '지식인'이라 말하지 않으며, 사회와 문화를 이해하고 시대정신을 갖춰야만 비로소 지식인으로서 대접을 받을 수 있다. 그러니까 책 속의 지식과 현실의 접목이 필요하다는 말이다.

사람들은 누구나 성공하길 바라지만 자신의 꿈을 이루기 위해 특정한 지식을 쌓는 사람은 적다. 대다수가 손쉽게 다른 사람을 따라 하거나 흉내 내는 데 그치고 있다. 그러나 평범한 사람은 성공할 수 없으며 성공하기 위해서는 자신만의 방법으로 지식을 쌓아야 한다. 남을 모방하고 있다면 아무리 열심히 지식을 쌓는다고 해도 성공의 길은 멀기만 하다.

또한 '성공하려면 지식을 쌓아야 한다' 라는 당연한 말을 머리로는 알고 있지만 그것을 어떻게 실천해야 하는지 몰라 엉뚱한 지식을 쌓는 경우가 많다. 흔히 말하는 '스펙 7종' 이니 '9종' 이니 하는 것이 바로 그런 것들이다. 물론 스펙이 다 쓸모없다는 말은 아니고, 그중에는 사는 데 유용한 것도 있다. 그러나 다른 사람보다 하나 더! 보여주기 위해 갖추는 것이라면 의미가 없다. 막상 살아가는 데 쓸모가 없으니 죽은 지식이라는 말이다.

살아가는 데 경쟁력이 되는 지식, 그것이 바로 살아 있는 지식이며 그 지식을 쌓는 방법은 공부밖에 없다.

"배우거나 생각하지 않으면 공허하고, 생각하나 배우지 않으면 위험하다."

이것은 공자가 한 말이다. 공허하거나 위험하게 살아가지 않으려면 배우고 생각해야 하며, 성공하려면 그것을 남들보다 더 많이, 열심히 해야 한다는 사실을 잊어서는 안 된다. 그리고 열심히 배우고 생각한 것을 실천할 때 성공이 점점 가까워진다.

07

Simple_ 원칙 원칙이 있어야 앞으로 나아갈 수 있다

원칙(原則)이란 "어떤 행동이나 이론 따위에서 일관되게 지켜야 하는 기본적인 규칙이나 법칙"을 말한다. 여기에서 눈여겨볼 것은 "일관되게"와 "기본적인"이라는 단어다. 이 둘 중 하나가 지켜지지 않으면 그것은 원칙이라고 할 수 없다.

한 가지 특이한 점은, 원칙은 단순하다는 사실이다. 복잡한 것은 상대방을 속이기 위한 함정일 때가 많다. 단순한 것은 강력한 힘을 발휘하는데, 그것을 원칙으로 삼아 지켜나간다면 사람들에게 신뢰를 얻을 수 있다.

원칙이 어긋난 사회에서 가장 돋보이는 사람은 원칙을 지키는 사람이다. 그리고 내가 원칙을 잘 지키고 있어야만 다른 사람에게도 원칙에 대해 말할 수 있다.

성공에서 원칙을 강조하는 이유는 원칙을 지켜야만 신뢰를 받을 수 있기 때문이다. 바꿔 말하면, 원칙을 지키지 않는 사람은 신뢰받지 못한다. 화려한 언변으로 포장하고 외모 가꾸기에 신경 쓰는 사람보다는 약속을 지키기 위해 최선을 다하는 사람이 성공하는 것, 그것 또한 사회의 원칙이 아닌가 싶다.

원칙을 지키는 사람만이 원칙을 말할 수 있다

"의료기 판매업자가 무면허로 어깨 관절경 수술 - 사무장 병원 병원장 구속"

"유통기한 조작, 박스갈이 - 돼지고기 살 때 조심해야"

"연예인 ○○음주 뺑소니, 불구속 입건"

"공사 중 가스 폭발 사망, 안적수치 지키지 않아 참변"

이 기사들은 언제 적 일일까? 어제? 한 달 전? 1년 전?

너무 흔해서 어느 날짜로 검색하든 볼 수 있는 그런 사건사고다. 이제 이런 기사가 나도 새삼스럽지 않다. 그렇게 우리의 원칙이 무너지고 있다.

사회뿐만 아니라 가정에서도 마찬가지다. 부모가 자식을 폭행해 숨지게 하고, 자식이 치매 부모를 목 졸라 숨지게 하고, 아내가 남편 앞으로 생명보험을 든 다음 남편을 살해하고, 바람피우다 들킨 남편이 아내를 살해하여 암매장하고……. 드라마나 뉴스에서만 보던 일들이 점점 현실에 가까워지고 있다. 그러나 흉폭하고 무질서한 이러한 일들을 단순히 일개인의 책임으로 돌릴 수만은 없다.

누군가 원칙을 지키지 않아서 생긴 일인데 그것이 왜 개인의 문제가 아니냐고, 그 사람에게 문제가 있는 것이 확실한데 그 일을 누가 책임져야 하느냐고 내게 따져 묻는 사람이 있었다. 그 사람 눈에는 마치 내가 반동을 선동하는 혁명가처럼 보였던 모양이다.

"그 사람이 원칙을 따지지 않고 행동하게 된 이유가 무엇일까요? 국가도, 사회도, 주변 사람들도 다 원칙을 무시하는데 자기만 원칙을 지키다가는 결국 손해를 볼 것이라는 생각 때문 아닐까요? 그 사람에게 원칙을 무시해도 된다고, 원칙은 바보들이나 지키는 것이라고 알려준 것이 국가요 사회라는 말입니다."

"말도 안 되는 소리 마세요. 국가나 사회가 개인에게 원칙을 어겨도 된다고 했다고요? 왜요? 왜 그렇게 하겠습니까? 미꾸라지 같은 몇몇 사람이 문제를 일으켜서 그렇지, 그래도 우리 사회는 원칙대로 잘 굴러가고 있다고요."

"우리 사회에 원칙이 있나요? 그 원칙은 무엇인가요?"

"법과 규율이 있는데 그것이 원칙이 아니고 뭡니까?"

"만든 사람이 지키지 않고 필요에 따라 '예외'가 적용되는데, 그것이 원칙인가요? 코에 걸면 코걸이요 귀에 걸면 귀걸이인데, 과연 그것이 원칙이 될 수 있는 건가요?"

그 말에 상대방은 골똘한 생각 속으로 빠졌다.

그렇다. 사전에서 '원칙原則'이란 단어를 찾아보면, "어떤 행동이나 이론 따위에서 일관되게 지켜야 하는 기본적인 규칙이나 법칙"이라고 풀이하고 있다. 이처럼 원칙에는 일관성이 필요하다. 원칙이 일관되지 못하다면 그것은 원칙으로서의 신뢰를 잃고 만다.

그러나 현실은 어떤가? '공중이 이용하는 실내에서는 금연을 원칙으로 하되, 일부 공간에 대해서만 매우 예외적으로 흡연을 허용한다'라든가

'ILO 가입국으로서 결사의 자유와 노동권을 보장한다는 원칙은 지켜야 하지만, 권고 자체를 100퍼센트 수용할 의무는 없다' 라는 신문 기사가 심경을 불편하게 만든다. '원칙' 이란 말 다음에 '그러나' 가 붙으면 그 원칙은 이미 원칙이라고 볼 수 없다.

원칙이 어긋난 사회에서 가장 돋보이는 사람은 원칙을 지키는 사람이다. 원칙을 지키는 게 당연할 줄 알지만, 너도나도 쉽게 어기다 보니 원칙을 지키는 사람이 대단해 보인다.

원칙은 어렵거나 복잡하지 않다. 그래서 가치관이 올바른 사람이라면 누구나 원칙에 따라 정정당당하게 행동할 수 있다. 우리나라의 법률이 어려운 이유는 그 안에 빠져나갈 구멍이 많기 때문이다. '법률 해석' 이 달라서 이견異見이 있다고들 하는데, 왜 법률을 해석해야 하는지 그것도 이해 못할 노릇이다. 그대로 적용할 수 있도록 단순하게 법률을 만들면 되지 왜 그것을 사람마다 다르게 해석하도록 복잡하게 만들었을까?

병원 의사가 쉬운 말로 설명하지 않고 영어와 전문용어를 섞어가며 어려운 말로 설명하는 이유도 원칙에서 벗어난 행동이다. 의사가 상대하는 환자들은 영어로 전문용어를 말해도 척척 알아듣는 전문가가 아니다. 대개가 회사를 다니거나, 장사를 하거나, 살림을 하는 평범한 사람들이다. 그런 사람들을 대상으로 굳이 어렵게 설명하는 이유를 생각해 보니, 결국은 나중에 문제가 될지도 모르는 사건에 대해 책임을 회피하기 위해서가 아닌가 싶다. 무언가 명확하게 말하기 어려운 것, 잘 알지 못하는 것, 설명하자니 귀찮은 것들을 어려운 용어로 두루뭉술하게 포장해서 더 이상 환자가 질문하지 못하도록 입을 막아버리는 것이다.

억울한 일을 당했을 때 기댈 수 있는 곳은 법률이요, 병들었을 때 목숨을 구해줄 것으로 믿는 사람이 의사인데, 법률은 기득권 편에 서 있고 의사는 환자를 돈줄로만 여기니 답답한 노릇이다.

그러나 변화는 작은 것에서부터, 나에게로부터 시작되는 법이다. 세상이 바뀌지 않는다고 한탄할 것이 아니라 내가 먼저 바뀌려는 노력이 필요하다. 내가 원칙을 잘 지키고 있어야만 다른 사람에게도 '원칙을 지키자'라고 말할 수 있다. 자신은 원칙을 따르지 않으면서 다른 사람에게만 원칙을 얘기한다면, 그것은 옆걸음질 치는 게가 어린 게에게 앞으로 똑바로 가라고 말하는 것과 다를 바 없다.

원칙은 특별한 게 아니다. "어떤 행동이나 이론 따위에서 일관되게 지켜야 하는 기본적인 규칙이나 법칙"이라는 사전적 풀이처럼, '기본적인' 규칙이나 법칙이다.

원칙은 신뢰를 만든다

어린 시절 읽은 《이솝우화》 중에 〈양치기 소년〉이 있다. 산에서 양을 돌보는 일이 심심했던 소년은 어느 날 마을을 향해 "늑대가 나타났다" 하고 소리쳤다. 마을 사람들은 농사 일을 하다 말고 낫이며 곡괭이를 들고 산으로 올라갔다가, 소년이 거짓말한 것을 알고는 화가 나서 돌아갔다. 그러나 소년은 사람들이 허겁지겁 달려오는 모습이 재미있어서 두 번째도 거짓말로 소리쳤다.

"늑대가 나타났다!"

지난번에는 거짓말이었지만 설마 이번에도 거짓말을 했으랴 싶어 사람들은 부랴부랴 다시 산으로 올라왔다. 그러나 이번에도 역시 거짓말이었다.

며칠이 지났을 때, 이번에는 진짜 늑대가 나타났다. 소년은 당황해서 펄쩍펄쩍 뛰며 소리를 질렀다.

"늑대가 나타났어요! 이번에는 진짜예요! 진짜로 늑대가 양들을 잡아먹고 있어요!"

그러나 소년의 말을 믿고 산으로 달려오는 사람은 아무도 없었다. 결국 양들은 늑대에게 전부 잡아먹히고 말았다.

이 이야기는 원칙의 중요성을 이야기하고 있으며, 원칙을 어겼을 때 신뢰가 깨진다는 교훈을 담고 있다. 소년은 양을 돌보다가 늑대가 나타났을 때 "늑대가 나타났다"라고 외치기로 마을 사람들과 약속했다. 그것은 원칙이다. 다른 이유가 아니라, 진짜 늑대가 나타났을 때만 그렇게 외쳐야 하는 것이다. 그러나 소년은 그 원칙을 어겼고 그래서 마을 사람들로부터 신뢰를 잃었다. 신뢰를 잃은 사람은 곤경에 처했을 때 주변 사람들로부터 도움을 받을 수 없다.

성공에 있어서 원칙을 강조하는 이유는 원칙을 지키는 사람이 신뢰를 받기 때문이다. 바꿔 말하면, 원칙을 지키지 않는 사람은 신뢰받지 못한다는 것과도 같다. 앞에서 하는 말과 뒤에서 하는 말이 다르고, 아침에 한 말과 저녁 때 한 말이 다르다면 그 사람의 말을 믿을 사람은 아무도 없다. 사람들 앞에서 억대 연봉을 받는다느니, 자기는 외제차밖에 안 탄다느니, 정계며 재계까지 인맥이 안 닿는 곳이 없다느니 하며 말을 앞세우는 사람에게는 쉽게 믿음이 가질 않는다.

말보다는 행동이 앞서야 한다. 그리고 원칙대로 행동해야 믿음이 생긴다. 화려한 언변으로 포장하고 외모 가꾸기에 신경 쓰는 사람보다는 자신이 약속한 것을 지키기 위해 최선을 다하는 사람을 믿게 마련이다.

목숨과 바꾼 원칙

'읍참마속泣斬馬謖'은 원칙을 어기며 나태하게 살아가는 우리에게 경각심을 일깨운다. 한자로만 풀어 보자면 '울면서 마속의 목을 벤다'라는 뜻이지만, 거기에는 원칙이 얼마나 중요한지 깨닫게 하는 고사가 깃들어 있다.

제갈량이 중원 진출의 뜻을 품고 위나라를 공격할 때의 일이다. 제갈량의 공격을 받은 위나라의 장군 사마의는 20만 병력을 이끌고 대응에 나섰다. 많은 병사를 이끌고 전쟁을 할 때 가장 중요한 것은 물과 식량을 확보하는 것으로, 당시 보급 수송로의 요충인 가정街亭을 누가 차지하느냐는 전쟁의 승패를 좌우할 만큼 중요한 문제였다.

제갈량은 가정에 누구를 보내야 할지 고민했다. 사마의는 전략을 세우는 데 뛰어나고 계략이 기발해서 그를 상대할 수 있는 명장이 흔하지 않았던 것이다. 그때 '마속'이라는 젊은 장수가 나섰다.

"장군, 제가 가정으로 가서 그곳을 지키겠습니다."

마속은 제갈량의 친구이자 조정 중신인 마양의 동생이었고, 비상한 머리와 군사전략이 뛰어나서 촉망받는 인물이었다.

"뜻이 가상하긴 하다만 자네가 사마의를 상대할 수 있겠는가? 사마의는 전쟁 경험이 많고 교활하여 어떤 전략으로 나올지 짐작하기 어려운 인물이라네."

"저 또한 병법서란 병법서는 안 읽은 것이 없으며 전략을 세우는 일에 있어서는 자신이 있습니다. 장군께서 정히 못 믿으시겠다면 이 일에 제 목숨을 걸겠습니다. 만약 가정을 지켜 내지 못한다면 장군께서 직접 참형에 처하신다 해도 원망하지 않겠습니다."

"좋다, 가거라. 하지만 지금은 전쟁 중이고 군율에는 사사로운 정이 개입될 수 없다. 만약 네가 실패한다면 그때는 참형에 처할 테니 목숨을 걸고 가정을 지키거라."

제갈량은 마속이 출정하기 전, 가정의 길목을 지키고 서서 절대 위나라 병사들이 접근하지 못하도록 하라고 주의를 주었다. 섣불리 이동했다가는 큰 화를 당할 수 있으니 신중하게 처신하라고 신신당부를 했다.

그러나 현장에 도착한 마속은 고개를 내저었다. 자신이 보기에, 길목을 막아서는 것보다는 산 위쪽으로 위나라 병사를 유인한 다음 덮치는 것이 훨씬 큰 공을 세울 수 있을 것처럼 보였던 것이다. 그래서 병사들을 이끌고 산 위로 올라가 위나라 병사들을 유인하기로 했다.

그러나 사마의는 마속의 전략을 꿰뚫어 보고 오히려 산기슭을 포위한 채 시간을 끌기 시작했다. 점점 시간이 흐르면서 마속의 병사들은 독안에 든 쥐 꼴이 되었다. 물과 식량이 떨어지고 한 발짝도 움직일 수 없는 처지가 된 것이다.

결국 사마의에 의해 대패한 마속은 병사 대부분을 잃고 간신히 목숨을 건져 돌아왔다. 이 일로 가정을 빼앗긴 제갈량은 중원 진출의 꿈을 접고 병사들을 후방으로 물려야 했다. 그리고 약속대로 마속에게 참형의 벌을 내렸다. 사람들은 마속의 재주가 아깝다며 그를 살려줄 것을 간청했으나 제갈량은 단호하게 말했다.

"마속의 재주가 뛰어나고 그의 실력이 출중한 것은 사실이나, 사사로운 정 때문에 군율을 어긴다면 앞으로 다른 장수들과 병사들 앞에서 어떻게 내가 기강을 바로잡을 수 있겠소. 군율을 어긴 죄는 마속이 지은 죄보다 더 큰 죄이니, 나는 원칙대로 그에게 참형을 명령할 수밖에 없소."

그러나 제갈량의 마음 또한 찢어지듯 아픈지라, 형장으로 끌려가는 마속의 뒷모습을 보면서 흐느꼈다고 한다. 그래서 '읍참마속'이라는 말이 생겨난 것이다.

어찌 보면 제갈량의 처사가 잔인하고 융통성 없어 보일지도 모른다. 그러나 전쟁 상황에서 원칙을 어기는 일이 발생하고, 그 일이 하나 둘 늘어간다면 그것은 결국 패전을 불러오는 원인이 되는 것이다. 그러므로 병사들의 목숨을 담보로 하는 지휘관으로서 원칙을 중시했던 제갈량의 처사는 타당해 보인다.

뺨을 맞더라도 원칙은 지킨다

직장도 다녀야 하고, 학교도 다녀야 하고, 지인들의 경조사도 챙겨야 하고, 가족과 같이 시간도 보내야 하고…… 몸이 열 개라도 부족할 판이라, 내게는 시간 관리가 매우 중요한 과제다. 이때 '단순화'는 하루에 30분, 1시간의 짬을 내기 위한 필수 과정이다. 일을 단순화하면 시간이 절약될 뿐만 아니라 잊어버리는 일도 없어서 상대방에게 신뢰를 얻을 수 있다.

예를 들어, 집으로 들어와 옷을 갈아입을 때는 손에 들고 있던 것과 주머니에 든 것을 전부 한 바구니에 고스란히 담아 놓는다. 휴대폰, 지갑 등 자칫 빼놓고 외출했다가는 곤경에 처할 수 있는 것들을 비롯해서 손수건, 필기도구 같은 사소한 것들까지 한 바구니에 넣어 두면 다음날 그것을 어디에 두었는지 찾기 위해 허둥댈 일이 없다.

그리고 잠자리에 들기 전에는 다음 날 신을 양말과 넥타이를 또 다른 바구니에 담아서 현관 거울 앞에 둔다. 처음에는 익숙하지 않아 깜박 잊는 날도 있었지만 지금은 생각 없이 척척 몸이 먼저 움직인다. 이것이 내 일상의 원칙이다.

그리고 '해야 할 일은 지금 당장'도 나의 원칙이다. 공과금 마감일이 25일이라고 해도 고지서를 5일에 받았다면 그날 납부한다. 교통위반 범칙금도 고지서를 받은 즉시 납부한다. 모임에서 "회비 납부하세요" 하는 전체 문자가 오면 무조건 내가 1번으로 납부한다. 그렇게 원칙을 세워 놓으니 납부일을 어겨 과태료를 내거나 혹은 깜박 잊고 있다가 나중에 무안한 일을 겪을 일이 없다.

이메일이나 SNS는 새로운 소식이 올 때마다 확인할 것이 아니라 특정 시간을 정해 놓고 그때 한꺼번에 확인하는 것이 시간 낭비를 줄일 수 있다. 그리고 확인과 동시에 보관할 필요가 없는 것은 바로 삭제하는 것이 좋다.

조직생활에서도 나름의 원칙이 있다. 일 처리를 할 때 "문자보다는 전화통화로, 전화보다는 직접 만나서"가 나의 원칙이다.

요즘 사람들은 서로 바쁘다 보니 문자로 주고받으며 일처리를 할 때가 많다. 그러나 문자라는 것이 왜곡되기 쉬워서, 보내는 사람의 의도와 그것을 받는 사람의 해석이 서로 다를 수 있다. 그래서 오해와 다툼이 생기는 경우도 흔하다.

애초부터 오해가 생기지 않도록, 일을 할 때는 직접 만나 처리하는 것이 가장 좋은데 여의치 않다면 문자가 아닌 전화통화를 하는 게 바람직하다. 그리고 중요한 일이라서 잊어버리거나 헷갈리면 안 된다 싶을 때는 통화 내용을 녹음하는 것도 좋다.

'동료 간에는 돈거래를 절대 하지 않는다' 라는 것도 나의 원칙 중 하나다. 마케팅 조직이 와해되는 이유 중 가장 큰 것이 바로 동료들 간의 돈 거래다. "월급 받으면 곧 줄게"라는 말을 믿고 돈을 빌려주지만, 아뿔싸, 그 사람에게 돈을 빌려준 사람이 한둘이 아닌 것이다. 이 사람에게 꿔서 저 사람 돈 갚고, 저 사람에게 돈 꿔서 이 사람에게 갚고……. 그렇게 돌려막기를 하고 있었던 것이다. 원래부터 영업을 잘하던 사람이라면 다른 사람에게 돈을 빌릴 필요조차 없었을 것이요, 영업을 못하던 사람이라면 여윳돈이 생기기 힘든 상황 아닌가. 이런저런 일로 동료에게 배신감을 느끼면 조직에 대한 애착이 떨어지고 소속감도 사라져 버린다. 그리고 조직이 와해되는 결과로 작용하는 것이다.

그래서 나의 경우는 누군가 돈을 빌려달라고 하면 "미안하지만, 나는 지인과 돈 거래를 하지 않는다. 그것이 나의 원칙이다"라고 말하며 거절한다. 한번은 잘 아는 분이 전화를 걸어와 급하게 돈을 빌려달라고 한 적이 있다. 나는 원칙대로 거절을 했는데, 그로부터 몇 시간 뒤 사무실로 찾아온 그분이 술을 한잔했는지 다짜고짜 책상을 치며 '당신과는 지금부터 절교하고 앞으로 어떤 일도 하지 않겠다' 라고 소리를 질렀다.

"나를 그 정도밖에 못 믿었습니까? 그까짓 돈 못 갚을까봐 그래요?"

당황스럽고 화도 났지만 그렇다고 맞대응을 해서 똑같은 사람이 되고 싶지는 않았다.

"지금 저는 원칙을 지키는 것입니다. 전화로 말씀드렸다시피, 소중한 사람과는 돈 거래를 하지 않는 것이 저의 원칙입니다. 돈 빌려 달라는 사람

중에 딱한 사정 없는 사람이 어디 있겠어요? 그렇다고 급한 사람들에게 다 돈을 빌려줄 수도 없는 노릇이고, 누구는 빌려주고 누구는 안 빌려줄 수도 없는 노릇이고……. 그래서 아예 딱 정한 겁니다. 지인과는 돈 거래를 하지 않기로요. 저는 돈 잃고 사람 잃는 짓 하고 싶지 않습니다. 과거에 있었던 일만으로도 제겐 충분한 교훈이 되었습니다."

그분은 화를 삭이지 못해 그렇게 씩씩거리다가 돌아갔다. 그런데 재미있는 것은, 한동안 연락을 끊고 지내던 그분이 얼마 전부터 다시 연락을 해온다는 것이다.

만약 그때 내가 원칙을 어기고 그분에게 돈을 빌려줬더라면, 그런데 그분이 빌린 돈을 갚지 못했더라면 그 이후에 얼굴을 다시 볼 수 있었을까? 일어나지 않은 일이니 그야 모르겠지만, 어쨌든 당시 소란이 있고 큰 소리가 났을지라도 원칙을 지켰던 것은 지금 생각해 보면 잘한 일이라 생각된다.

애플의 성공은 심플이다

세계적인 기업 '애플'은 가장 심플한 디자인과 기능으로 유명하다. 디자인은 심플하지만 누구나 갖고 싶어 할 만큼 세련되었고, 기능 또한 심플하지만 그 기능이 최고의 성능이라서 감히 다른 업체에서 흉내 낼 수 없을 정도다.

광고도 마찬가지다. 애플은 아이폰의 카메라 성능이 DSLR 못지않다는 것을 광고하기 위해 해상도가 어쩌고, 화소가 어쩌고 하는 따위의 카피를 사용하지 않는다. 대신 기막히게 훌륭한 사진 한 장을 보여주면서 "아이폰 6로 찍다Shot on iPhone6"라는 카피 한 줄을 내보낸다. 이것이 전부다. 그러나 사람들은 이 광고를 보고 '나도 아이폰 6 사고 싶다' 라는 충동을 느낀다.

다른 제품도 마찬가지다. 세계 최고의 기술력을 갖고 있지만 애플은 첨단기술이나 화려한 기능을 직접 말하지 않는다.

한 가정의 평범한 일상을 보여주고 그 일상 속에 애플 제품을 잠깐잠깐 등장시키는데, 사람들은 그 광고를 보면서 애플이 사람의 삶을 얼마나 풍요롭게 해주는지, 기술이 얼마나 사람들의 창의성을 자극하는지, 때로는 얼마나 따뜻하게 서로를 연결해 주는지 느끼게 된다. 단순하지만 그 안에 강렬한 메시지를 담고 있는 것이다.

애플의 창업자이자 CEO였던 스티브 잡스는 '심플' 을 중요하게 생각해서 수십 개에 달하던 애플의 컴퓨터 제품군을 4개로 단순화하고, 사업 분야도 '확대' 가 아닌 '축소와 강화' 를 선택했다.

또한 잡스는 '심플한 결과를 얻기 위해서는 과정도 심플해야 한다' 라고 생각하고, 대부분의 회사 시스템인 중간 보고와 결재 라인을 과감히 생략해 버렸다. 그래서 마케팅 아이디어를 보고 받을 때 마케팅팀 과장, 부장, 팀장, 임원의 보고와 승인 없이 담당자와 자신이 직접 미팅을 했다. 그렇게 결재라인을 생략하자 아이디어에 문제가 있을 때는 수정과 전환이 빠르게 이루어졌고 실행 속도도 빨라졌다.

　20세기에는 큰 것이 작은 것을 잡아먹는 시대였지만 21세기인 지금은 빠른 것이 느린 것을 잡아먹는 시대다. 그리고 애플이 빠르게 성장할 수 있었던 것은 과정을 심플하게 정리함으로써 업무에 가속도를 높였기 때문이다.

나만의 실행력 10 가지

비즈니스를 하다 보면 지방 출장도 많고 고객과의 미팅, 강의 등 전국 방방곡곡을 정신 없이 다닐 때가 많다. 일정이 바쁘고 빠듯하다 보니 아침 시간이 다른 사람보다 더 분 주하다. 그러나 막상 현장에 갔을 때 중요한 자료를 빼놓고 와서 당황하는 일이 종종 있다. 분명히 여러 번 확인했는데도 사소한 데서 실수가 생겼다.

그래서 실수를 줄이기 위한 나만의 원칙을 세우게 되었다.

1. 휴대폰, 자동차 키, USB, 지갑, 손수건은 한 바구니에 담아 책상 위에 둔다.

2. 건강을 위해 일주일에 두 번은 운동장에 나가 운동한다.

3. 손을 자주 닦는다(손만 잘 닦아도 질병의 50퍼센트를 예방할 수 있다고 한다).

4. 미팅 장소에 항상 15분 먼저 도착한다(약속 시간에 늦으면 주도권을 가지기
   힘들다).

5. 냉장고에서 바로 꺼낸 찬 음식은 먹지 않는다(시간이 조금 지나면 천천히 먹는다).

6. 수익의 5퍼센트는 책을 사거나 나에게 재투자한다.

7. 메모장을 갖고 다니며 생각나는 것을 수시로 메모한다(책을 쓸 때 중요한 자료가
   된다).

8. 하루를 감사로 시작하고 감사로 마무리한다.

9. 스마트폰 검색을 위해 30분 이상 시간을 쓰지 않는다.

10. 어떤 사람을 만나든 편안하게 대하고, 가능하면 밥을 산다.

08

Soft_ 포용력

유연한 사고와 삶의 자세가 친구를 만든다

죽은 것은 딱딱하고 살아 있는 것은 부드럽다. 살아 있는 것은 성장하고 발전하며 향기를 내지만 죽은 것은 그대로이거나 썩어서 냄새를 풍기게 마련이다. 태풍이 지나간 자리, 나무들은 송두리째 뽑히거나 부러져 여기저기 널브러져 있지만 작고 여린 풀잎들은 살아남아 희망을 이야기한다.

넓은 아량으로 상대방을 포용하는 사람은 어딜 가나 따르는 무리가 생기고 신뢰를 얻는다. 역사 속에서도 세계를 지배하며 영화를 누리던 인물들은 대범한 포용력을 갖고 있었다. 반면, 외곬으로 자기주장만 펼치고 사람들 위에 서서 군림하려고 했던 이들은 비참한 최후를 맞았음을 역사가 말해 주고 있다.

성공으로 가는 길을 크고 단단하게 만들고 싶다면 아량을 넓히고 상대방에게 부드럽게 다가가 보라. 그리고 손을 내밀어 악수를 청하라. 내가 먼저 손을 내밀어야 상대방의 손을 잡을 수 있다.

시행착오를 통해 배운 부드러운 리더십

코리아나 화장품 회사에 영업사원으로 입사한 것은 28세 때였다. 이왕 시작한 일이니 남들보다 잘하고 싶었다. 그래서 백화점이나 도로가에 파라솔을 펴놓고 홍보를 하는 데 앞장서고, 길거리에 서서 화장품 샘플을 돌리며 호객하는 일도 마다하지 않았다. 그렇게 열정과 혼신을 다한 보상으로 팀장, 지부장으로 승진하고 10년 만에 국장의 자리에 올랐다.

그 다음으로는 처장, 본부장의 자리에 오르는 것이 내 목표였다. 그러나 끝내 그 목표를 이루지 못한 채 퇴직했다. 성공의 문턱을 넘지 못하고 그만둔 이유는 내 성격 때문이었다. 자아가 강하고 자신에 대한 규율이 엄격했던 나는 상대방의 잘못이나 실수를 용납하지 못했다. 내 기준의 잣대를 다른 사람에게 들이댄 뒤 거기에 미흡하면 가차 없이 책임을 물었다.

사람들은 말일만 되면 내 근처에 오려고 하지 않았다. 매달 실적을 따져 현황을 파악하는데, 나는 혼자서도 한 달 매출 1,000만 원을 거뜬히 넘겼지만 다른 팀장들은 300만 원도 채우지 못해 전전긍긍했다. 다른 사람보다 더 노력해도 모자랄 판국에 친구들 만나 수다 떨고, 틈만 나면 딴 짓을 하면서 일에 열중하지 않았던 것이다. 그것이 못마땅해 소리치고 화를 냈다.

그러다 보니 팀원들 사이에서 자연스럽게 '일만 아는 사람, 무서운 사람, 엄격한 사람' 등으로 소문이 났고, 내가 감정 조절을 못해 화를 폭발할 때마다 사람들이 하나둘씩 조직에서 떠나갔다.

팀원이 부족하니 새로운 팀원을 선발하기 위해 돈을 들여 광고하고, 면접을 보는 데 시간을 썼다. 당시 팀원을 선발하는 기준은 '젊고 예쁜 아가씨'였다. 아무래도 화장품을 판매하는 일이다 보니 이왕이면 젊고 예쁜 사람이 유리할 것이라 생각했고, 육아와 가사에 시간을 빼앗기는 기혼자보다는 미혼자가 더 열심히 일할 것 같았다.

그러나 그것은 내 착각이었다. 아가씨들은 상대적으로 책임감이 적고, 조금만 힘들어도 쉽게 포기했다. 그리고 1~2년 일하다가 결혼을 하면 회사를 그만두는 일도 잦았다. 일할 만하면 그만두기를 반복하니 중간관리자급 고참이 없고, 앞으로 발전해 나가는 것이 아니라 늘 제자리걸음이었다. 결국 퇴사를 하고 말았다.

지금 생각해 보면 내가 그때 왜 그랬나 싶기도 하다. 사람마다 가치 기준이 다르고 삶의 방식도 다른데, 그들에게 나와 똑같은 것을 요구하는 것부터가 문제였다. 누구나 다 똑같은 재능을 가진 것도 아니고 누구나 다 정해진 일을 우등생처럼 척척 해낼 수 있는 것도 아니다. 한 가지가 부족하면 다른 분야에서 재능을 가지고 있을 수도 있다. 그런데 그때는 그런 사실을 몰랐다.

시간을 다시 돌릴 수 있다면 과거의 사람들에게 더 부드럽고 편안한 모습으로 대하고 싶다. 이야기를 잘 들어주고 공감하는 리더가 되고 싶다. 지금 누군가 나에게 "리더의 가장 큰 덕목은 무엇입니까?" 하고 묻는다면, 나는 주저 없이 "부드러운 리더십"이라고 대답할 것이다.

세계의 역사를 바꾼 능력은 '포용력'

'관포지교管鮑之交'라는 고사성어로 우리에게 친숙한 춘추시대 제나라의 재상 관중管仲은 《관자管子》에 이런 말을 남겼다.

泰山不辭土石 故能成基高
태산불사토석 고능성기고

이 말은 "태산이 그토록 높고 큰 산이 될 수 있었던 것은 아무리 작은 흙이나 돌이라도 결코 차별하지 않고 받아들였기 때문이다"라고 풀이할 수 있다. 사람도 이와 같이 큰 인물이 되어 커다란 사업을 이루기 위해서는 넓은 아량으로 사람들을 대할 줄 알아야 할 뿐만 아니라, 다른 사람의 의견을 잘 들어주는 포용력이 있어야 한다. 만약 자신의 것만 옳다 주장하고 다른 사람의 말과 행동을 무시한다면 그는 결코 성공할 수 없다.

만약 누군가 조금 부족하고 마음에 들지 않는 점이 있다 하더라도 그 점을 꼬집어 지적하는 대신, '누구에게나 장점은 있다'라는 생각으로 그 사람의 장점을 찾아 성장시킬 수 있도록 돕는다면 최고의 리더가 될 수 있을 것이다. 반대로, 사람을 대할 때 못마땅한 감정을 있는 그대로 다 드러내고 자신의 비위에 맞는 사람만 편애한다면 아무도 그 사람과 함께 일하고 싶어 하지 않을 것이다.

포용력의 중요성은 세계 역사의 곳곳에도 잘 나타나 있다. 로마가 주변 국가들을 통합하며 대제국을 건설할 때 만약 포용력이 없었더라면 그 오랜 세월 동안 영화를 누리지 못했을 것이다.

이탈리아는 원래 많은 부족들이 지역을 나눠 소국가 형태로 존재하고 있었다. 로마는 이탈리아 반도에 있던 이 작은 국가들을 하나하나 정복했는데, 일반적으로 정복한 나라를 식민지로 삼고 그 국민들을 노예로 부리던 것과는 달리, 로마는 정복한 나라의 국민들에게 로마시민권을 주어 로마인들과 똑같은 권리를 누릴 수 있도록 했다. 그러자 자신의 나라를 빼앗겼다는 박탈감은커녕 오히려 로마 대제국의 국민이 된 것을 자랑스럽게 여기며 자연스럽게 로마에 동화되었던 것이다.

몽골도 마찬가지다. 몽골을 완전히 손아귀에 넣은 칭기즈칸은 사막과 초원을 건너 만리장성을 정복하고 황하 이북을 점령, 1215년에는 금나라 수도인 북경을 함락시켰다. 그 여세를 몰아 중앙아시아, 페르시아, 카프카스, 러시아, 크림반도, 볼가강 유역의 동유럽까지 정복한 칭기즈칸은 몽골 통일 20년 만에 '해가 뜨는 곳에서 해가 지는 곳'까지를 자신의 손아귀에 넣었다.

칭기즈칸은 전쟁을 할 때는 적군을 잔인하게 죽였지만 일단 정복한 다음에는 정복한 나라의 국민들을 탄압하지 않고 그들의 관습이나 문화, 심지어 종교까지 그대로 인정하면서 포용했다. 그러다 보니 정복당한 나라의 국민들도 반발감이나 불편함 없이 살아갈 수 있었다.

한때 최강의 무적함대를 이끌고 세계 정복의 꿈을 꾸었던 스페인도 상술이 뛰어났던 유태인들을 과감하게 포용했고, 좁은 국토를 가지고도 해상 무역을 장악할 수 있었던 네덜란드도 주변의 소수 인종을 포용하는 정책을 통해 힘을 키웠다.

그리고 우리에게 익숙한 유방과 항우는 포용력면에서 서로 대비되는 좋은 사례다. 유방은 평민 집안에서 태어나 이름조차 갖지 못한 채 어린 시절을 보냈으며 여자와 술을 좋아하고 개인적인 능력도 그다지 뛰어나지 않았다. 반면 항우는 초나라 명장이었던 항연의 후손으로, 훌륭한 실력과 계략으로 8년 동안 70여 차례의 전쟁을 치르는 동안 단 한 번도 패한 적이 없었다.

그러나 유방은 초나라를 이겨 한나라를 세웠고, 항우는 유방에게 패한 뒤 자결을 했다. 유방은 배운 것도 없고 뛰어난 능력이 없었음에도 불구하고 뛰어난 인재를 보는 안목이 탁월했으며 인재를 자기 사람으로 만들기 위해 고개를 숙일 줄 알았다. 반면 항우는 자신의 능력을 과신한 나머지 다른 사람을 업신여기고 잔인하고 포악하게 죽이는 일도 마다하지 않았다.

훗날 유방은 스스로 황제의 자리에 오르며 축하연을 벌이는 자리에서 이렇게 말했다.

"나는 장량張良처럼 교묘한 책략을 쓸 줄 모른다. 소하蕭何처럼 행정을 잘 살피고 군량을 제때 보급할 줄도 모른다. 그렇다고 병사들을 이끌고 싸움에서 이기는 일을 잘하느냐 하면, 한신韓信을 따를 수 없다. 그러나 나는 이세 사람을 제대로 기용할 줄 안다. 반면 항우項羽는 단 한 사람, 범증范增조차 제대로 기용하지 못했다. 그래서 내가 천하를 얻었고, 항우는 얻지 못한 것이다."

유방은 인재 앞에 고개를 숙이고 자신의 편으로 만들었기에 천하를 얻을 수 있었다. 만약 항우가 넓은 포용력으로 사람들을 자기 편으로 만들었다면 춘추시대의 역사는 크게 달라졌을 것이다. 이처럼 관용으로 상징되는 포용력은 대단히 중요한 덕목이다.

상대방을 판단하는 기준의 위험성

가난한 집안에서 태어나 물려받은 재산도 없으나 후에 크게 성공한 사람을 "자수성가自手成家" 했다고 말한다. '개천에서 용 났다' 라는 말이 이에 해당한다. 공부를 열심히 했다거나, 큰 재산을 모았다거나, 사람들로부터 칭송을 받는 이들이지만 자수성가한 사람과 함께 일하는 사람들은 극심한 스트레스를 받는다. 아무리 열심히 일해도 트집을 잡히거나 핀잔을 듣기 일쑤기 때문이다.

"그렇게 하니까 너는 성공하지 못하는 거야. 나는 그 나이 때 말이지, 먹을 것 안 먹고 잠 안 자가면서 얼마나 열심히 일한 줄 알아? 그런데 지금처럼 좋은 세상에 살면서 왜 그것 하나 제대로 못하는 건데. 죽기 살기로 해도 모자랄 판에 그렇게 대충대충 하면 어떻게 성공하겠어? 어림도 없지. 노력이 부족해."

자수성가한 사람의 눈에는 다른 사람의 노력이 성에 차지 않는다. 왜냐

하면 모든 일의 기준이 바로 '자신'이기 때문이다. 자신이 살던 시절, 처한 환경, 겪었던 일들을 기준으로 상대방을 평가하고 비판한다. 21세기에 살면서 20세기의 잣대로 상대방을 평가하는 것이다.

지인 중에 칠순을 바라보는 사장님이 한 분 계신다. 태어나 얼마 지나지 않아서 6·25가 터지는 바람에 이유식 대신에 꿀꿀이죽을 먹었다. 이 시대를 사신 분들 대부분이 그러했듯, 초등학교도 농사일 한가할 때만 눈치껏 다닐 수 있었고 중학교라고는 근처에도 못 가보았다고 한다. 그리고 초등학교를 졸업한 뒤에는 '밥만 먹여 준다'라는 조건으로 남의 집 머슴살이를 했다고 한다.

열일곱의 나이에 서울로 올라와 봉제공장에 취직하고 월급 한 푼 받지 못하며 기술을 익혔다. 4·19와 유신을 겪으며 민주주의의 과정을 지켜보았으며, 5·16 군사쿠데타가 일어나던 해에는 번듯한 봉제공장의 사장이 되었다. 손에 쥔 재산 하나 없이 무작정 사업을 시작한 그분은 성실함을 인정받아 운 좋게도 굵직굵직한 일들을 맡게 되었다. 그리고 당시 노동집약적 산업의 붐을 타고 수출에 뛰어들면서 큰돈을 벌 수 있었다.

그분은 늘 말씀하셨다.

"태어날 때부터 가난했지. 가난이 지긋지긋해서 어떻게든 돈을 많이 벌어 부자가 돼야겠다고 마음먹었어. 사춘기 시절부터 악착같이 돈을 벌었지. 내 자식에게만은 가난을 물려주지 않겠다고, 자식들은 못 배운 설움을 겪지 않게 하겠다고 이를 악물고 버텼어. 주위도, 내 인생도 돌볼 겨를이 없었지. 결국 나는 부자가 되었고, 자식들은 외국 유학에 석사학위, 박사학위까지 받았어. 그리고 다들 지금은 결혼해서 잘살고 있고. 내 인생, 내 자식의 인생 모두 내 힘으로 만든 거야. 빈손으로 시작해서 여기까지 온 거라고 할 수 있지."

물론 그분의 노력은 인정받아 마땅하다. 그러나 인정은 당신 스스로 하는 것이 아니라 다른 사람들이 해주는 것이다. '이 모든 것을 내 힘으로 만들어낸 것'이라고 스스로 인정하고 단정 짓다 보면 자만심이 생기고 보수적이 되며 독단적인 생각에 빠지기 쉽다. 그래서 자기의 기준에서 다른 사람을 판단하게 되고 그 기준에 못 미치는 사람은 노력이 부족한 사람이라고 결론을 지어버리는 것이다.

그래서 그분이 텔레비전 뉴스를 보면서 혼잣말을 하거나 혀를 차는 모습을 볼 때면 안타까울 때가 많다. 그분은 청년실업이 날로 심각해지는 상황을 보면서 모든 것을 '열심히 노력하지 않는 개인의 탓'이라고 질책했다. 사회 구조적인 모순이나 잘못된 국가 정책 때문에 생긴 문제들도 그분 앞에서는 통하지 않았다. 당신이 살아오신 세월도 다 마찬가지였으며, 당신은 그런 것들과 상관없이 '열심히 살았기에 성공한' 사람이라는 것이다.

자신의 기준에 따라 상대방을 판단하는 사람은 포용력을 갖기 힘들다. 자기와 다른 점을 '틀린 점'으로 보고 옳지 않다고 판단하기 때문이다. 그러나 대부분의 사람들은 자신의 경험, 지식, 직감을 잣대로 삼아 상대방을 판단한다. 그러므로 먼저, 상대방을 내 방식대로 판단하고 있다는 사실을 깨달아야 한다. 그것은 내 생각일 뿐, 정말 그 사람이 내 생각과 똑같은 것은 아니다. 다른 사람에 대해서는 아무 것도 확신해서는 안 된다.

그것이 나의 생각, 나의 판단임을 안다면 상대방을 함부로 평가하는 일은 없을 것이다.

자존심의 꽃이 떨어져야 승리의 열매가 맺힌다

미국인이 가장 존경하는 대통령은 에이브러햄 링컨이다. 링컨은 남북전쟁을 승리로 이끌며 노예제 폐지를 이끌어낸 주역으로 우리에게 잘 알려져 있다.

그가 공식적으로 노예제도를 폐지한다는 내용을 담은 '미국 수정헌법 제13조'를 통과시키려고 할 때 많은 의원들이 이에 반대했다. 의원들 대부분이 노예를 손발처럼 부리며 편하게 살고 있었기 때문에, 노예제를 폐지한다면 자신들의 생활이 불편해지리라는 것을 뻔히 알고 있었던 것이다.

연방상원, 하원에서 3분의 2 이상 찬성표를 받아야 수정헌법 제13조를 통과시킬 수 있었지만, 당시 링컨이 속해 있던 공화당은 전체 의석의 57퍼센트 밖에 되지 않았다. 반대편인 민주당 의원 중에는 남부 출신이 많아서 대부분이 노예제 폐지를 반대하는 상황이었고, 공화당 당원 중에도 노예제 폐지를 반대하는 사람이 있었다.

그러자 링컨은 법안에 반대하는 의원들을 밤마다 찾아가서 설득하고 또

설득했다. 의원들은 문전박대를 하거나 대놓고 비난하는 사람도 있었다. 인격적인 모독 앞에 버럭 화를 내고 돌아설 법도 한데, 그는 자존심을 내세우지 않고 의원들에게 매달리거나 설득하기를 반복했다. 그리고 마침내 연방상·하원 의원 중 3분의 2 이상의 찬성표를 받으며 수정헌법 제13조를 통과시킬 수 있었다. 링컨의 이러한 노력이 없었더라면 아프리카의 흑인들은 단지 피부색이 검다는 이유만으로 지금도 인간 이하의 대접을 받으며 살고 있을지도 모를 일이다.

　개인의 자존심을 내려놓고 대의를 위해 자신을 굽힐 줄 아는 링컨의 아량은 넓은 포용력을 잘 보여주고 있다.

　링컨의 대범한 포용력은 인재를 기용하는 데서도 유감없이 발휘되었다. 남북전쟁 당시 링컨은 에드윈 스탠턴을 육군장관으로 기용했다. 당시 육군장관은 총지휘관으로서, 전쟁에 관한 모든 지휘통제권을 가졌다. 이에 사람들은 링컨의 처사를 의아하게 생각했다.

　스탠턴은 사사건건 링컨을 비난하고 링컨의 의견에 반대하던 앙숙이었으며, 일리노이 주에서 변호사로 활동하던 시절에는 링컨에게 '켄터키 촌뜨기', '긴팔원숭이'라고 하며 모욕적인 말을 쏟아냈던 인물이었기 때문이다. 어리둥절하기는 스탠턴 또한 마찬가지였다. 그는 링컨이 혹시 흑심을 품고 자신을 곤경에 빠뜨리려는 계략이 아닐까 의심하면서 링컨에게 날을 세워 질문했다.

　"지금 상황에서 육군장관의 자리는 그 어떤 직책보다 중요할 텐데, 왜 나에게 그 자리를 맡기려는 것입니까?"

그러나 링컨은 대수롭지 않다는 표정으로 대답했다.

"나는 당신이 법정에서 열정적으로 싸우는 모습을 많이 봤습니다. 그 정도의 전투력이라면 육군장관으로서 제격이 아닐까 싶었어요. 그리고 무엇보다, 평소 당신만한 애국자가 없다고 생각했어요. 나에 대한 비난도 애국심에서 나온 것이라고 생각해요. 어때요? 나와 함께 조국을 위해 싸워보지 않겠소?"

순간 스탠턴은 링컨을 공격하고 흠집 내려던 자신의 행동이 부끄러워 고개를 들 수 없었을 것이다. 이후 스탠턴은 링컨이 가장 신뢰하는 참모가 되어 전쟁에서 큰 공을 세웠다.

지금까지도 링컨이 미국인들의 가슴속에 가장 존경하는 대통령으로 남아 있는 이유는 그의 넓은 포용력 때문이 아닌가 싶다. 다혈질인 사람은 친한 사람마저 적으로 만들기 쉽다. 반면 포용력이 있는 사람은 적을 자신의 오른팔로 만들기도 한다.

생각과 행동이 부드러운 사람은 급변하는 시대에 대처하며 발전해 가지만, 자신의 의견만 옳다고 주장하고 '내가 아니면 안 돼'라는 생각으로 사람들 앞에 나서는 사람은 결국 자신이 만든 감옥 안에 갇히고 말 것이다. 자존심의 꽃이 떨어져야 열매가 맺히는 법이다.

부드러움이 강함을 이긴다

내가 어릴 때는 동네에 가끔 엿장수가 왔다. 엿장수 가위 소리가 들리면 집안 구석구석을 뒤져 고물을 들고 그 앞으로 달려 나갔다. 엿장수는 아이들이 들고 온 고물을 흘깃 본 다음 말 그대로 '엿장수 마음대로' 엿을 잘라 주었다.

그런데 그때 애가 타던 것이, 겨울에는 가위로 툭 치면 쉽게 부서지던 엿이 여름에는 흐느적거려서 여러 번 쳐야만 부서졌기 때문이다. 탁, 탁 가위가 엿을 칠 때마다 입안에 침이 고여 발을 동동 구르던 생각이 난다.

그때 엿을 보면서 생각했다.

'아, 엿은 흐느적거릴 때보다 단단할 때 더 잘 부러지는구나!'

중학교 다닐 때 한문 선생님께서 '외유내강外柔內剛'을 설명하면서 들려주셨던 고사도 내 인생에 큰 가르침이 되었다.

초나라 사상가였던 노자老子는 스승이 임종을 앞두고 있다는 소식을 듣고 스승의 집으로 달려갔다. 그는 스승 앞에 무릎을 꿇고 엎드려 간청했다.

"스승님, 제게 한 가지만 더 가르쳐 주십시오."

그러자 스승은 노자를 가까이 불러 앉히더니, 입을 떡 벌리고 손가락으로 입 속을 가리켰다.

"무엇이 보이느냐?"

"혀가 보입니다."

"이는 안 보이느냐?"

늙어서 이가 다 빠져 버린 스승의 입 속에 이가 보일 리 없었다.

"네. 이는 보이지 않습니다."

"그럼 됐다."

말을 마치고 스승은 조용히 눈을 감았다.

음식을 뜯고, 씹고, 잘게 부수는 일을 하는 이는 돌보다 더 단단하다. 그러나 사람이 죽을 때 그 이를 온전히 다 가지고 있는 사람은 거의 없다. 벌레 먹어 충치가 생기고, 낡아서 풍치가 생기고, 여러 가지 문제로 틀니와 임플란트도 한다. 반면 혀는 우리 몸에서 가장 부드럽고 연약한 기관이며 가끔 이에 씹혀 피가 나기도 한다. 그러나 혀에 상처가 생겨 때웠다거나 갈아 끼웠다는 소리는 들어본 적이 없다. 그리고 사람이 죽을 때까지 혀는 온전히 그 사람과 함께한다. 부드러움이 강함을 이기는 증거다.

노자의 스승은 제자에게 이러한 가르침을 주고 싶었던 것이다. 맨 나중까지 남아 있는 것은 강한 이齒가 아니라 연약한 혀舌라는 사실…….

그리고 강한 자가 살아남는 것이 아니라 살아남은 자가 강한 것이라는 사실 말이다.

과거 대통령 경호실장을 지냈던 인물 중에 성격이 불같고 행동이 불도저 같은 이가 있었는데, 사람들은 그와 마주앉아 대화하기를 꺼렸다고 한다.

추진력 있고 화끈한 면은 좋았으나 급한 성격 탓에 상대방의 얘기가 끝나기 전에 버럭 화부터 냈고, 본심은 그렇지 않으면서 자존심 때문에 선뜻 먼저 손을 내밀어 화해를 청하는 경우가 없었다. 그러다 보니 사람들은 그를 어려워 하거나 불편해 했다.

반면 중앙정보부장을 지낸 이는 부드러운 말과 행동으로 사람들을 대하곤 했다. 부하 직원이 실수를 하더라도 솔직히 얘기하고 잘못을 인정하면 용서를 해주었다고 한다. 그러다 보니 부하 직원들은 자연스럽게 그를 따르고 신뢰했다는 것이다.

사람들과의 관계에서 일방적인 것은 없다. 누군가 화를 내면 그것이 나를 향한 것이 아니더라도 나까지 기분이 나빠지고, 누군가 칭찬을 하면 기분이 좋아지면서 상대방에게 호감이 생기는 것이 인간관계다. 누르려고 하면 튀어 오르고, 강한 힘 앞에서는 더 강한 힘으로 응수하려는 것이 자연스러운 반응이다.

자기 의견만 주장하는 사람, 자신의 잣대로 상대방을 재단하려는 사람, 필요할 때만 찾고 그 외에는 관심도 두지 않는 사람, 개인주의적이고 자기중심적인 사고를 하는 사람……. 이런 사람은 포용력이 없는 사람이다. 그리고 포용력이 없는 사람은 외로울 수밖에 없다.

포용력을 갖고 수용을 잘하려면 상대방의 입장에서 생각하고 이해하려는 마음가짐부터 시작해야 한다. 누군가의 마음을 얻고 싶다면 내가 먼저 머리를 숙이고 다가가 마음을 열어보라. 그러면 상대방도 고개를 숙이며 마음을 열 것이다.

포용력을 키우는 5가지 원칙

1. 고전을 많이 읽기

사회가 현대화되면서 사람들은 점점 개인적이고 자기중심적인 사고에 빠지고 있다. 그래서 공익을 위한다거나 아량을 갖고 다른 이를 수용하는 것은 관심 밖의 일로 취급받기 쉽다. 이때 고전을 읽으며 그 안에 깃든 인간 중심적인 사고와 넓은 포용력으로 상대방을 용서하고 수용하는 자세를 배운다면, 인간적으로 성숙해질 뿐만 아니라 사회생활을 하는 데 있어서도 큰 도움이 될 것이다.

2. 진정성을 갖고 상대방의 말을 듣기

상대방의 말을 들을 때는 마음속에 있는 나를 잠시 내려놓을 필요가 있다. 자신을 비우지 않고서는 상대방의 이야기를 있는 그대로 듣고 해석하기 어렵기 때문이다. 그리고 자꾸 자신의 잣대로 상대방을 평가하려는 마음이 생긴다.

듣는 사람의 마음이 다른 곳에 가 있는 것을 느끼는 순간, 말을 하는 사람의 마음은 굳게 닫혀버리고 만다. 반면, 상대방의 말을 경청하며 진정성 있는 반응을 보이면 조금씩 가까워지는 것을 느낄 수 있다.

3. 대응하기 전에 한 번 호흡하기

상대방이 나를 비난하거나 공격한다는 느낌이 들 때면 즉각적으로 반응하기 쉽다. 그 자리에서 반응하지 않으면 마치 사실을 인정하는 기분이 들어서 오히려 불 같이 화를 내는 경우도 있다.

그러나 이때 '사실'과 '느낌'을 정확히 구분할 줄 알아야 한다. 상대방은 특정한 일에 대해 이야기한 것이며 비난하거나 공격한다는 느낌은 나의 주관적인 해석일 수 있다. 만약 그 사람이 나에게 좋지 않은 감정을 갖고 의도적으로 화를 돋우기 위해 말했다 하더라도 즉각적인 반응은 삼가는 게 좋다. 감정적으로 대응하다 보면 나중에 돌아봤을 때 후회할 일이 생기기 때문이다.

상대방과 마찰이 생겼다면 일단 깊게 호흡을 하면서 말을 잠시 삼켜라. 중요하고 큰일이라면 하룻밤 정도 생각할 시간이 필요하다. 시간을 두고 한 걸음 떨어져 생각하면 울컥했던 감정이 사그라들면서 생각과 마음이 넓어질 것이다.

4. 서로 다른 문화 경험하기

포용력을 키울 때 가장 먼저 해야 할 일은 서로 다름을 인정하는 것이다. '저 사람은 왜 저러지?', '어떻게 저럴 수가 있지?'라는 생각은 그와 내가 다르기 때문에 생기는 마음이다. 그러나 이 세상에 나와 똑같은 사람은 아무도 없다. 생긴 것은 물론이고 말하는 것, 표현하는 것, 사고방식 등 모두가 다 다르다.

'아, 저렇게 생각하는 사람도 있구나' 혹은 '저 사람은 저렇게 생각하는구나' 하고 나와 다름을 인정할 때 상대방을 있는 그대로 바라보고 포용할 수 있다.

여건이 허락한다면 해외여행을 많이 다니며 서로 다른 문화를 몸으로 직접 체험해 보길 권한다. 그렇지 않다면 외국 영화, 드라마 등을 보면서 사람살이가 나라마다, 사람마다 다 다르다는 것을 간접적으로 경험하는 것도 좋다. 그러다 보면 다름을 인정하고 포용하는 일이 점차 수월해질 것이다.

5. 입장 바꿔 생각하기

상대방이 말도 안 되는 행동을 보일 때, 그 사람이 왜 그러는지 이해하려면 입장을 바꿔 생각해 보는 것이 좋다. 내가 그 사람 입장이었다면 어땠을까 생각해 보면 그의 행동이 자연스럽게 받아들여지기도 한다.

드라마를 볼 때 감정이입을 하여 주인공과 같이 슬퍼하고 악인을 보면서 분노하는 것도 이와 같은 맥락이다. 나와 아무 상관이 없는, 그저 작가가 만들어낸 허구일 뿐인데 그것을 보면서 등장인물들의 감정을 함께 느낀다. 이처럼 입장을 바꿔 놓고 보면 상대방을 이해하고 받아들이는 폭이 넓어진다.

09

Servant_ 섬김 스스로 낮아지면 감사와 행복이 따라온다

사람의 마음과 행동은 감정의 흐름에 따라 움직이는데, 이때 가장 자연스러운 것은 높은 곳에서 낮은 곳으로, 많은 곳에서 적은 곳으로 흐르는 것이다. 그러면서 균형을 이루어간다. 또한 에너지는 부메랑처럼 돌아오는 특성이 있어서, 스스로 낮아져서 베풀려고 노력할 때 결국 존경받는 자리에 올라 원하던 것을 얻을 수 있다. 팔을 쭉 뻗어 그리는 공간만큼 자신이 만들어가는 것이고, 그 나머지는 주변 사람들에 의해 만들어지는 것이기 때문이다.

행동의 중심을 자신에게 두고 스스로 낮아지는 것, 그것이 '섬김의 마음'이다. 그리고 낮아졌을 때 비로소 마음속에서 감사함이 솟아난다.

존경받는 삶, 성공한 삶을 살려면 섬김을 실천해야 한다. 스스로 낮은 곳에 서는 사람을 끌어내리려는 사람은 없다. 그리고 채우는 것보다 베푸는 것을 앞세우는 사람을 손가락질할 사람도 없다.

겸손한 자세로 살아갈 때 늘 감사함이 뒤따를 것이며, '행복'이란 그릇을 채우는 마지막 한 컵의 물은 섬김의 마음과 행동이라는 것을 잊어서는 안 된다.

사람 대접을 받으려면

흰둥이, 검둥이, 덕구……. 내가 어린 시절, 우리 집에서는 늘 강아지를 키웠다. 어머니가 장날 장에 나가 강아지를 사오시면 나는 동생 돌보듯이 살피고 친구처럼 어울리며 강아지와 같이 한 해를 뛰놀았다. 그러나 강아지들과 오랜 시간을 보내지는 못했다.

한 해쯤 자라 제법 개 꼴이 나면 어머니는 마을을 지나가는 개장수를 불렀다. 내게는 동생 같고, 친구 같은 강아지였지만 어머니에게는 여름 복날 값비싸게 팔 수 있는 가축일 뿐이었다.

개장수와 흥정을 할라치면 어머니의 치맛자락을 붙들고 울고불고 데굴데굴 구르니 어머니는 내가 학교에 간 사이에 개를 팔았다. 그리고 필시 내가 난리 피울 것을 알기에 새로 작은 강아지 한 마리를 사놓으셨다.

"아가, 이 꼬맹이 좀 봐라. 새끼 강아지가 훨씬 귀엽지 않니? 이것 봐라, 이렇게 재롱도 부린다."

어머니는 새 강아지를 내 눈 앞에 들어 보이며 마음을 달래 주려 애쓰셨지만 내 마음은 쉽게 달래지지 않았다. 비록 한두 해라고 해도, 사자 같은 털북숭이를 끌어안고 뒹굴고 산으로 들로 정신없이 뛰어다니며 놀던 기억은 어린 아이에게 깊고 애틋한 추억을 남기기에 충분했던 것이다.

그러나 몇 날 며칠을 울다가도 곧 언제 그랬냐는 듯 다시 새 강아지와 친구가 되었다.

어느 날이었다. 어머니와 읍내 장에 갔다가 돌아왔는데 개가 닭장을 휘

젓고 있는 것이 보였다. 어머니는 화들짝 놀라 부지깽이를 들고 달려갔지만 개의 입에는 병아리의 깃털이 붙어 있었다. 잠깐 사이에 병아리의 날갯죽지를 물어뜯어 상처를 낸 것이다. 어머니는 화가 나서 부지깽이로 개를 두드려 팼다. 상처 입은 병아리가 삐약거리며 시름시름 앓자 저녁때가 되어도 분이 덜 풀렸는지, 어머니는 개에게 밥을 주면서 밥그릇을 발로 뻥 차셨다.

"밥 묵으라."

개는 좀 전에 부지깽이로 맞은 것을 그새 잊었는지, 꼬리를 치며 달려가 허겁지겁 밥을 먹었다. 그 모습을 보면서 어린 마음에도 '역시 개구나!' 하는 생각을 했다.

만일 인간이라면 어땠을까? 누군가 퉁명스럽게 "인간아, 밥 먹어라!" 하고 밥그릇을 발로 뻥 차서 준다면 냉큼 달려가서 그것을 먹을까? 아마 대부분의 사람은 먹지 않을 것이다. 자존감, 수치심 등 동물과는 다른 '인격'이 존재하기 때문이다.

"인류가 발생 이래 눈부신 발전을 이룬 이유는 남들보다 돋보이고자 하는 과시욕 때문이었다. 인간은 자신을 과시하기 위해 목숨을 거는 위험까지 마다하지 않았다."

인류학을 연구하는 학자들은 인류 문명의 발달을 이렇게 말하고 있다. 결국 한 인간으로서 존재감을 확인받기 위해 목숨 걸고 방사선을 연구하고, 달에 가고, 신무기를 개발했다는 것이다. 어쩌면 인간은 죽는 순간까지 누군가로부터 인정받기 위해 살고 있는 건지도 모른다.

기독교, 불교, 이슬람교 등 세상의 모든 종교에서는 '네가 대접받고자 하는 대로 너도 남을 대접하라' 라고 말하고 있다. 당신이 삶에서 존재감을 인정받고 싶다면 가장 가까이에 있는 사람부터 인정하고 대접하라. 그러면 그 사람이 똑같이 반응하여 당신을 인정하고 대접할 것이다.

감사는 겸손한 마음에서 비롯된다

"익은 벼는 고개를 숙인다" 라는 속담이 있다. 낟알이 영글어 무거워지니 고개가 저절로 굽는 것이다. 이런 당연한 사실을 모르는 사람이 있을까?

여름 한낮의 따뜻한 햇살을 받으며 점점 굵어지는 낟알을 바라보기만 해도 마음이 부자가 된 듯 기분이 좋아진다. 그리고 하늘을 향해 쑥쑥 자라던 벼이삭이 누렇게 익으면서 모가지를 푹 숙이면 농부들은 서서히 수확을 준비한다.

그런데 만약, 만약…… 이미 누렇게 다 익은 낟알이 고개를 숙이지 않으면 어떻게 될까? 꼿꼿이 고개를 쳐들고 있기에는 너무 무거운 나머지 모가지가 부러지거나, 그러기 전에 먼저 벼가 제 살 궁리를 하며 낟알을 하나하나 떨어뜨려 버릴 것이다. 그리고 땅에 떨어진 낟알은 썩어버리고 말 것이다. 이것이 고개를 숙이지 않은 벼의 최후다.

그러나 사람들은 말한다.

"가만히 있으면 네가 똑똑하고 잘난 것을 누가 알아주니? 나서서 아는 체를 해야지. 잘난 체를 해야 사람들이 봐줄 거 아니야."

세대가 세대니만큼 아예 틀렸다고 말하기는 힘들고, 그렇다고 해서 맞다고 맞장구를 칠 수도 없는 노릇이다. 그래서 나는 이렇게 말한다. "못난 사람이 잘난 체하는 게 가장 꼴불견이고, 잘난 사람이 잘난 체하는 건 누구나 하는 짓이지만 잘난 사람이 겸손한 것을 보면 존경심이 생겨난다." 이처럼 잘난 사람이 고개를 숙이고 다른 이를 섬긴다면 그 사람은 존경을 받을 것이다.

그러나 한 가지, 오해하기 쉬운 것이 있다. 겉보기에는 비슷한 것처럼 보이지만, 겸손한 것과 자존감이 낮은 것은 분명히 다르다. 자존감이 낮은 것은 과거의 상처나 콤플렉스 때문에 스스로 비하하는 것이고, 겸손한 것은 상대방을 이해하고 배려하는 마음에서 비롯된 것이다. 행동의 중심을 자신에게 두느냐 상대방에게 두느냐, 어쩔 수 없이 낮아지느냐 스스로 낮아지느냐의 차이인 것이다.

행복은 누구나 추구하는 궁극의 목표지만, 감사하는 마음이 없이는 행복해질 수 없다. 그리고 감사하는 마음은 모든 것을 내려놓고 낮아질 때 생긴다.

"모든 것을 내려놓는데 어떻게 감사한 마음이 생깁니까? 낮아지는 것이 감사한 마음과 무슨 상관인가요?"

내 강의를 듣더니 어떤 분이 손을 들고 질문했다. 그래서 그분께 다시 질문을 했다.

"만약 당신이 로또 2등에 맞았다면 감사한 마음이 생길까요?"

"당연하지요."

"그런데 2등에 당첨된 사람 중에 폐인이 되거나 병에 걸려 죽은 사람이 많다고 합니다."

"네? 왜요?"

"감사한 마음이 없었던 것입니다. '아깝다, 한 자리만 더 맞았으면 1등이 되었을 텐데' 하는 아쉬움 때문에 끙끙 앓다가 암에 걸리기도 하고, '이번에는 1등에 당첨될 수 있을 거야' 하는 생각으로 가진 재산을 복권에 다 쏟아부었다가 오히려 거지 신세가 되는 이가 많다더군요."

"듣고 보니 저도 그런 마음이 생길 것 같기는 하네요."

"만약 2등에 당첨되었을 때 '한낱 종잇조각이 될 수도 있었는데 2등이나 당첨되다니……' 하고 생각한다면 감사한 마음이 생길 것입니다. '3등이 아니라 2등이 되었으니 이보다 더 기쁜 일이 없군.' 이렇게 생각한다면 자신의 행운이 얼마나 대단하고 감사한 일인지 새삼 와 닿을 것입니다. 자신을 낮추면 이렇게 감사한 마음이 생깁니다. 제 말은 이런 뜻입니다."

'안분지족安分知足'이라는 사자성어가 있다. 자기 분수에 만족하는 것을 말한다. 욕심을 부리기는 쉽지만 그것을 억제하기는 어려운 세상에서, 자신을 낮추고 안분지족한다면 하루하루가 감사한 마음으로 가득할 것이다. 섬기는 자세로 자신이 먼저 낮아지면 감사의 에너지는 저절로 생겨난다.

낮은 곳에서 상대방을 섬기는 '서번트 리더십'

'서번트servant'는 '하인, 일꾼'이라는 뜻이며, '서번트 리더십servant leadership'은 말 그대로 '섬기는 리더십'을 뜻한다. 리더십이라고 하면 모임을 대표하는 사람에게 필요한 마음가짐이나 조건 등으로, 대개가 카리스마와 포용력 등을 1순위로 꼽는다.

그런데 1977년, 미국의 경영 컨설턴트이자 저술가인 로버트 그린리프Robert K. Greenleaf는 전혀 어울리지 않는 두 단어인 서번트와 리더십을 하나로 묶어 '서번트 리더십'을 주장했다. 타인을 위해 봉사하며 종업원, 고객 및 커뮤니티를 우선으로 여기고 그들의 욕구를 만족시키기 위해 헌신하는 리더십이 곧 서번트 리더십이라는 것이다.

'봉사하고, 상대방을 만족시키기 위해 헌신하는 게 리더십이라고?'

존경받는 사회 인사의 이러한 주장에 사람들은 고개를 갸웃하면서 충격과 혼란에 빠졌다. 낮은 곳에서 다른 사람을 섬기는 것은 리더의 역할이 아니라고 그간 생각해 왔으며, 리더는 앞에서 이끌거나 위에서 군림하는 사람이라는 것이 사회 통념이었다. 그런데 그 둘이 만나야 비로소 진정한 리더로서의 자격을 갖추는 것이라니, 언뜻 이해되지 않았다. 그러나 조금만 깊이 생각해 보면 단어가 갖는 또 다른 의미를 알 수 있다.

서번트 리더십의 핵심은 '타인의 요구를 경청하는 사람은 모두를 이끌 수 있는 잠재력 있는 리더가 된다'라는 내용이다. 다시 말해, 남의 말을 잘 들어주고 소통하는 사람은 사람들과의 관계에서 신뢰감을 주어 자연스럽게 인간관계의 중심에 서게 되므로, 서번트 리더십이야말로 자신의 성공과 더불어 주위의 사람들과 따뜻한 관계를 만들어 가는 데 중요한 요소라는 것이다.

어떠한 상황에서 자신을 낮추는 것, 그것은 곧 '섬김'의 다른 표현이다. 그리고 섬김이 몸에 밴 사람은 상대방에 대한 배려와 존중하는 마음을 갖고 있다.

서번트 리더십을 몸으로 보여주는 사람이 있다. 바로 MC 유재석이다. 한 포털 사이트에서 실시한 설문조사에서 "우리 사장님이 된다면 가장 좋을 것 같은 연예인은?"이라는 항목에 3년 연속 1위를 차지하며 그의 리더십에 대해 다시 한 번 생각하게 되었다.

메뚜기 탈을 쓰고 다니던 평균 이하의 외모, 전문대학 중퇴의 학력, 개인기가 있는 것도 아니고 개그맨으로서 카메라 울렁증까지 있던 그가, 개그맨으로 합격한 이후에도 눈에 띄지 못해 10년 동안이나 무명시절을 보내야 했던 그가 사람들 사이에서 '리더십의 모범'으로 손꼽힐 수 있었던 이유는 무엇이었을까?

개그맨 김제동은 우리나라 예능을 대표하는 MC들의 스타일을 분석하면서, 유재석에 대해 이렇게 말했다.

"유재석은 내 안경을 벗기기 위해 자기가 먼저 안경을 벗는다."

유재석은 자신이 '먼저' 낮아짐으로써 사람들에게 웃음을 주는 스타일이다. 솔선수범은 서번트 리더십에서 매우 중요하다. 아무리 훌륭한 사람이라고 해도 자신은 실천하지 않으면서 말로만 옳은 일을 주장한다면 누가 그를 따르려고 하겠는가?

안경을 벗으면 못생긴 얼굴이 그대로 드러난다는 것을 뻔히 알면서도 자신을 낮추고 무너뜨림으로써 사람들에게 웃음을 주기 위해 노력하는 그를 보면서 김제동도 안경을 벗을 수밖에 없는 것이다. 대개 어느 정도의 자리에 오르면 몸을 사리고 잘난체하기 마련인데, 유재석은 신인들보다 더 몸을 사리지 않고 망가지기를 자처한다.

한 가지 더, 유재석은 자신은 망가지는 한이 있더라도 출연자에 대해서는 배려를 잊지 않는다고 한다. 같이 출연하는 게스트들이 자신의 역량을 충분히 발휘할 수 있도록 옆에서 북돋워 주고, 긴장하지 않도록 편안한 분위기를 만들어 주기로 유명하다. 어떤 MC는 상대방이 당황할 만한 질문을 던져 웃음을 유발하는 반면, 유재석은 무례하거나 무리한 질문을 비껴가면서 시청자들에게 자연스러운 웃음을 전달하고 있다. 그것이 유재석의 특별함이다.

바보 캐릭터로 알려진 코요테의 멤버 김종민은 유재석을 이렇게 평가했다.

"녹화를 할 때 유재석 같이 섬세하게 출연자를 배려하는 이는 처음 본다. 그의 배려로 말이 없는 연예인들도 유쾌한 상황을 만들어내곤 한다."

리더의 자리에 있으면서 섬김의 마음으로 겸손한 사람, 상대방을 먼저 배려하는 사람이 있다면 나부터도 그의 뒤를 따를 것이다.

병자를 섬긴 인류의 서번트, 슈바이처

'인도人道의 전사', '원시림의 성자' 등으로 불리는 알베르트 슈바이처 Albert Schweitzer는 아프리카에서 평생 동안 환자들을 돌보다가 그곳에서 생을 마감하기까지 고귀한 삶을 살았다. 그래서 사람들은 '슈바이처'라고 하면 당연히 의사를 떠올리지만, 사실 그는 네 살 때 피아노를 치고 아홉 살 때 파이프오르간을 연주하는 등 어릴 때부터 음악가로서 뛰어난 재능을 발휘했다. 그리고 성인이 되어서도 파이프오르간 연주가로 활약하고 파이프오르간 구조에 대한 논문을 집필하는 등 음악가로서 업적을 남겼다. 대학에서는 신학과 철학을 공부하여 종교철학에 관한 연구로 철학박사와 신학박사의 학위를 동시에 땄다.

다방면에서 뛰어난 재능과 학식을 인정받고 있던 그가 어떻게 의사가 된 것일까?

1905년 프랑스 선교단은 의사가 없어서 고통받는 아프리카 흑인들의 삶을 보고서에 담았다. 평소 '나는 이렇게 행복한데 이 행복을 나만 누려도 되는가?'로 고민하던 슈바이처는 이 보고서를 보고 아프리카에 가기로 결심했다. 그리고 의술을 배우면 선교에 도움이 될 것이라고 생각하고 의과대학에 진학했으며, 38세에 의사학위를 받았다.

의사가 된 슈바이처는 최정상급 오르간 연주자, 철학박사, 신학박사, 목사, 교수의 자리를 마다하고 아내와 함께 서른여덟의 나이에 아프리카로 떠났다. 그러나 아프리카에서의 생활은 고난의 연속이었다. 환자들은 계속 밀려드는데 약은 턱없이 부족했고, 밤낮으로 환자를 진료해도 일손이 달렸다. 그는 지인들에게 편지를 써서 도움을 요청했으나 형편은 나아지지 않았다.

더군다나 그 와중에 1차 세계대전이 발발했고, 슈바이처가 의료봉사를 하고 있던 가봉의 랑바레네가 프랑스에게 점령당하면서 독일 국적을 가지고 있던 슈바이처는 포로가 되어 프랑스 수용소에 감금되기에 이르렀다. 독일로 송환된 슈바이처는 아프리카에서의 생활을 《물과 원시림 사이에서》라는 제목의 책으로 엮어 세계에 아프리카의 실상을 알리는 데 앞장섰다.

전쟁이 끝나고 상황이 나아지자 슈바이처는 다시 랑바레네로 가서 의료봉사를 시작했다. 그리고 1953년 78세의 나이에 노벨평화상을 수상했으며, 1965년 향년 90세의 나이로 세상을 떠났다.

객관적으로 보았을 때, 슈바이처는 누구보다 편안한 삶을 살 수 있었다. 그러나 문명의 이기라고는 찾아볼 수 없는 척박한 땅 아프리카에서 숨이 턱턱 막히는 더위, 옮을지도 모르는 전염병·질병과 싸워 가며 그는 아프리카 사람들을 위해 자신의 인생을 바쳤다. 슈바이처의 이러한 희생이 없었더라면 아프리카 사람들은 아직도 세상 사람들의 관심 밖에서 고통받고 있을지도 모른다.

부와 명예를 가진 사람을 섬기는 일은 쉽지만 병들고 소외된 사람을 섬기는 일은 어렵다. 그렇기에 슈바이처와 같은 사람을 '위인' 혹은 '성자'라고 부르는 것이다.

이국땅에서 고단한 삶을 산 슈바이처는 불행했을까?

그는 죽기 직전에 프랑스에 있는 친구에게 이런 편지를 보냈다고 한다.

…… 이 편지의 회신을 받기 전에 아마도 난 죽을 것 같네. 내가 죽었다는 소식을 듣더라도 슬퍼하지 말게나.

난 내 자신이 세상에서 가장 복 받은 사람이라고 생각하네. 불쌍한 사람들을 섬기는 사업에 60여 년간을 헌신할 수 있었고, 오늘 90세의 노구가 된 이 순간까지 계속할 수 있으니 말일세.

슈바이처는 노벨평화상을 받으러 오라는 연락을 받고서도 몇 번이나 고사했는데, 그것은 '내가 없으면 이 환자들을 누가 돌보겠느냐'라는 이유 때문이었다고 한다. 78세의 나이에 마침내 노벨상을 받으러 가면서도 그는 손에서 청진기를 놓지 않았다.

노벨상 시상식에 참석하는 길은 아프리카에서 파리로, 거기에서 다시 기차를 타고 덴마크로 가야 하는 멀고 먼 여정이었다. 그가 파리에 도착했을 때 신문 기자들은 그를 취재하기 위해 기차 특등실로 몰려들었다. 슈바이처는 영국 왕실로부터 백작 칭호를 받은 귀족이었고, 귀족이라면 당연히 특등실을 이용하던 시대였다. 그러나 슈바이처의 모습은 보이지 않았다. 기자들은 다시 일등실로 몰려갔지만 거기에도 슈바이처 박사는 없었다. 이등실 역시 마찬가지였다. 기자들은 고개를 갸우뚱하면서 허탈한 표정으로 돌아가 버렸다.

이때 영국 기자 중 한 명이 혹시나 하는 마음으로 삼등실로 가보았다. 그리고 마침내 그곳에서 슈바이처 박사의 모습을 볼 수 있었다. 악취로 가득한 그곳에 쭈그리고 앉아 늙고 병든 사람들을 진찰하고 있던 슈바이처를 보고 놀란 기자가 그에게 달려갔다.

"박사님, 왜 여기 계십니까? 저와 같이 특등실로 가시지요."

그러나 슈바이처는 들은 체도 하지 않고 계속 진찰을 했다. 아프리카에서 그토록 고생을 했는데 노벨상을 받으러 가는 기차 또한 더럽고 불편한 삼등실이라니, 기자는 죄송한 마음에 몸 둘 바를 몰랐다.

"선생님, 여기는 삼등실입니다. 어쩌다 이곳에 타셨습니까?"

"이 기차에는 4등 칸이 없어서요."

"그게 아니라, 선생님께서 어쩌다가 이 불편한 곳에서 고생을 하며 가시게 된 건지……."

슈바이처는 진찰을 마친 뒤 이마의 땀을 닦으며 대답했다.

"나는 편안한 곳을 찾아다니는 것이 아니라 나의 도움이 필요한 곳을 찾아다닙니다. 그런데 특등실에서는 나를 필요로 하는 사람이 없을 것 같더군요."

슈바이처는 낮은 곳에서 감사하고 마음의 행복을 찾은 사람임에 분명하다.

퍼주면 다시 돌아오는 에너지의 법칙

세계적인 베스트셀러인《시크릿SCREET》에서는 '에너지의 흐름'에 대해 이야기한다. 자신으로부터 비롯된 에너지가 우주 공간과 공명하여 결국 더 큰 에너지로 돌아온다는 것이 책의 핵심 내용이다. 다시 말해, 내가 긍정적인 에너지를 발산하면 그것이 우주와 반응하여 더 크고 강한 긍정으로 돌아온다고 한다. 반대의 경우도 마찬가지라서, 나에게서 비롯된 부정적인 에너지 또한 마침내 더 큰 불행이 되어 돌아온다. 그 에너지가 사람의 인생을 바꾸는 것이다. 결국 인생은 자신이 만들어낸 에너지에 따라 변화하므로, 긍정적인 에너지를 만들기 위해 노력해야 한다.

중요한 것은, '에너지는 멈춰 있지 않고 계속 흐른다'라는 사실이다. 높은 곳에서 낮은 곳으로, 많은 곳에서 적은 곳으로……. 이것이 에너지의 자연스러운 흐름인데, 만약 여기에서 어긋나 역행하면 문제가 생긴다.

예를 들어, 아흔아홉 냥을 가진 부자와 한 냥을 가진 사람이 있다고 가정해 보자. 이때 많이 가진 사람이 적게 가진 사람에게 베푸는 것이 자연스러운 에너지의 흐름이다. 그런데 아흔아홉 냥을 가진 사람이 한 냥 가진 사람의 돈을 빼앗아 백 냥을 채우려고 하면 문제가 생긴다. 그 이유는 자연스러운 에너지의 흐름에서 어긋났기 때문이다.

어느 날 세숫물을 받아 세수를 하다가 한 가지 깨달은 것이 있다. 물을 내 쪽으로 끌어모으자 주변의 물이 밖으로 돌아 나갔다. 반대로, 물을 바깥

쪽으로 밀자 주변의 물이 내 쪽으로 들어왔다.

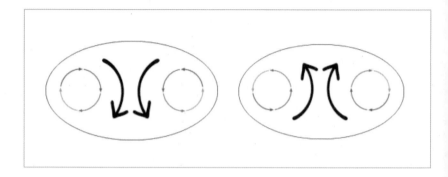

이것을 보고 이마를 쳤다.

'아, 그렇게 열심히 모으고 손에 거머쥐려고 노력하는 동안 더 많은 것을 잃었구나. 반대로 다른 사람에게 베풀었을 때, 내가 베푼 것 외에 더 많은 것들이 나에게 돌아오는구나.'

가지려고 아등바등 하지 않고 베풀려고 노력할 때, 결국 가지려고 노력했던 것들이 저절로 자신에게 돌아온다는 것을 알았다.

얼마나 재산이 많아야 '부자' 소리를 들을 수 있을까?

"당신의 재산은 얼마입니까?"라는 질문에 '100억', '1,000억'이라고 대답하는 사람은 진정한 부자가 아니라고 한다. 이자가 이자를 낳고 투자 금액이 하루가 다르게 불어나서, 진짜 부자는 자신이 가진 재산이 얼마인지 모르기 때문이란다. 또 어디 나가서 차 자랑하고, 명품 자랑하고, 돈으로 생색내는 사람은 진짜 부자가 아니다. 진짜 부자는 소리 소문 없이 조용히 움직이기 때문이다.

나는 한때 빌 게이츠를 부러워했다. '돈은 내가 하고 싶은 일을 계속할수 있도록 하는 힘'이라는 것이 내 생각이었고, 빌 게이츠는 미국 최고의부자였기 때문이다.

"돈이라면 아랍의 만수르가 더 많지 않나요? 아랍의 부호들은 순금으로만든 페라리를 타고, 앞마당에서 사자나 치타 같은 맹수들을 키우며 상상할 수 없을 정도의 부를 누리면서 산다고 하던데!"

이렇게 말하는 사람도 있을 것이다. 그러나 내가 아랍의 부호나 중국 최고의 갑부가 아니라 군이 빌 게이츠를 부러워 한 데는 이유가 있다.

빌 게이츠는 세계에서 돈을 가장 많이 버는 사람인 동시에 기부에 있어서도 세계 1위를 기록하고 있다. 그는 2000년에 '빌 앤 멜린다 게이츠 재단'을 설립하여 지금까지도 활발한 기부 활동을 펼치고 있다. 공공 도서관고속통신망 개선에 700만 달러, 대학생 장학금으로 5억 달러, 중국 결핵퇴치에 3,300만 달러, 소아마비 퇴치를 위해 3억5,500만 달러, 빈곤층을 위한 모바일 금융서비스 사업에 1억2,500만 달러, 결핵 백신 개발 연구에8,300만 달러, 말라리아 백신 개발 연구에 1억7,000만 달러, 어린이 치료약품 연구비로 970만 달러, 빈민 지역 교육환경 개선을 위해 18억5,000만 달러, 저소득층 장학사업에 16억 달러를 기부했다. 이런저런 분야에 기부한금액이 2010년 4월 기준으로 약 40조 원 정도 된다고 하니 입이 떡 벌어질지경이다.

단순히 가진 돈이 많다고 해도 그것을 올바르게 쓰지 못한다면 아무 의미가 없다. 그러나 빌 게이츠는 돈을 어디에 써야 하는지를 분명하게 알고 있었으며 그것이 어떤 에너지로 돌아올 것인지 또한 알고 있었다. 기부천사인 빌 게이츠. 이것이 그를 부러워할 수밖에 없는 이유다.

냇물이 흘러 바다로 가는 이유

어느 날 모임에서 산에 올라갔다가 한 암자에 들르게 되었다. 일행 중 한 명이 그곳에 계신 스님과 잘 알고 지낸다면서 같이 만나 뵙자고 했다. 자그마한 체구의 스님은 일행을 반갑게 맞아 주면서 차를 대접하셨다. 대화가 무르익을 무렵 한 분이 스님께 질문을 했다.

"스님, 저는 사람을 많이 만나는 직업을 가지고 있습니다. 처음 일을 시작할 때는 사람 만나는 것도 즐겁고 실적이 오를 때마다 기운이 나서 지칠 줄 모르고 일했습니다. 그런데 요즘은 사람들을 만나는 게 불편하고 일하기가 싫습니다. 왜 그런 걸까요? 저는 계속 사람 만나는 일을 해야 하는데 말이지요."

그러자 스님은 고개를 끄덕이더니 대답하셨다.

"냇물이 흘러흘러 어디로 가는지 아십니까?"

뜬금없는 질문에 우리는 고개를 갸웃했다.

"그거야 바다로 가겠지요."

"왜 바다로 갈까요?"

물이 흘러 바다로 간다는 사실은 알고 있었지만 왜 바다로 가는지 그 이유는 생각해 본 적이 없었다. 다들 대답을 못하고 머뭇거리자 스님이 대답하셨다.

"물이 바다로 흐르는 이유는 바다가 낮기 때문입니다. 사람도 이와 마찬가지지요. 자신을 낮추는 겸손한 이의 주변에는 항상 사람이 많습니다. 사람들이 흘러흘러 모여들기 때문입니다."

우리는 '아!' 하고 짧은 감탄을 내뱉었다.

"혹시 성공의 문턱에 서 있다고 해서 초심을 잃은 것은 아닌가요? 일을 귀찮게 여기거나 사람들 앞에서 잘난 체하고 싶은 마음이 있었던 것은 아닌가요? 높아지고 싶은 마음이 생긴 것은 아닌가요? 스스로 질문하고 한번 되돌아보십시오."

성공한 사람을 두고 '초심'을 운운하는 것은 그 사람이 초심을 잃었기 때문이다. 남의 말에 귀 기울이기보다 자신의 의견을 주장하는 데 열을 올리고, 사람을 귀하게 여기기보다 돈을 귀하게 여긴다면 그 사람은 성공의 자리에 오래 머물 수 없을 것이다. 초심, 처음 시작할 때의 마음은 한없이 겸손했다는 사실을 잊어서는 안 된다.

낮은 곳에서 섬김을 배우는 3가지 원칙

1. 상대방을 '나보다 나은 사람'이라고 생각하기

상대방보다 우위에 있다고 여기는 순간, 상대방을 대하는 태도는 강압적으로 변할 수 있다. 군림하려 하고 통제하려 하고 지배하려 하는 마음이 생기는 것이다. 상대방과 나를 수준의 차가 있는 관계로 보게 되면 낮은 곳에 위치할 수도, 섬기는 마음이 생길 수도 없다.

방법은 있다. 내가 만나는 사람이 실제로 어떻든, 그 상대방을 나보다 나은 사람이라고 생각하는 것이다. 상대방이 나보다 높은 위치에 있다고 생각하면 나는 자연스럽게 낮은 위치에 있게 된다. 자신을 낮추는 태도가 남을 섬길 수 있는 기본적인 마음가짐이다. 이렇게 생각하려는 노력만으로도 벌써 감사와 행복의 과정은 시작된다.

2. 가정부터 평화롭게 하기

가화만사성(家和萬事成)이 진리다. 집안이 편안하지 않으면 온 신경이 거기에 가 있어서 일이 손에 안 잡히고 사소한 일에도 쉽게 화를 내게 마련이다. 그러면 대인 관계가 안 좋아지고 실적도 오르지 않는다.

가정의 행복을 지키는 첫 번째 실천 덕목은, 출퇴근 시 아내와 아이들에게 가벼운 포옹을 하는 것이다. 미국 월크스대학에서는 "스킨십은 면역력을 증가시켜 감기와 독감 등 호흡기 질환에 대한 저항력을 강화한다"라는 연구 결과를 발표했다. 스킨십은 각종 호르몬 분비를 촉진하고 백혈구 활동을 활성화하여 면역력을 증진한다는 것이다. 자신과 가족의 건강을 위해 스킨십 만큼 좋은 영양제는 없다.

3. 수고를 기쁨으로 알기

어느 모임에 가든 궂은일을 도맡아 하는 사람이 있다. 삼겹살집에 가면 고기를 굽고 자르는 사람이 있고, 술병을 가져오고 제때 술을 따라 주는 사람이 있다. 워크숍에 갔을 때 누군가는 먹을거리를 준비하고 설거지를 한다. 잘 살펴보면 일하는 사람은 따로 정해져 있다.

이제부터 어디를 가든 그 일을 도맡아 하라. 운동 삼아 고기를 자르고, 반찬을 나르고, 식탁을 차리고, 그 자리를 치워라. 쓰레기가 쌓이기 전에 가져다 버리고, 냄새 나서 꺼리는 화장실 청소도 스스로 하라. 수고를 기쁨으로 알아라. 그러면 언젠가 당신을 찾는 사람이 나타날 것이다. 그리고 그 사람이 당신을 섬기고 도울 것이다. 기적처럼 그런 일이 일어난다.

감사, 감사의 습관이
기적을 만든다
정상교 지음
246쪽 | 13,000원

될 때까지
끝장을 보라
이겨놓고 승부하는 열정의 키워드
김종수 지음 | 272쪽 | 15,000원

앎
보는 것만이 인생의 전부는 아니다
김선호 지음 | 208쪽 | 12,500원

감정회복
닫혀버린 마음도 열고
사람도 잃지 않는
윤재진 지음 | 248쪽 | 15,000원

살아가면서 한번은
당신에 대해 물어라
이철휘 지음
256쪽 | 14,000원

헤매고 넘어지고 뒤집기
고정관념을 뒤집는 코칭 전문가
기우정의 감성수업
기우정 지음 | 228쪽 | 13,500원

나인 레버
하는 일마다 잘 되는 사람의
이유를 아는가?
조영근 지음 | 248쪽 | 12,000원

어떻게 삶을 주도할 것인가
비전멘토, 자기경영 전문가 이훈이
제안하는 삶의 의미와 방향찾기
이훈 지음 | 276쪽 | 15,000원

놓치기 아까운
젊은날의 책들
최보기 지음
248쪽 | 13,000원

책속의 향기가
운명을 바꾼다
대한민국 최초 독서 디자이너의 랩소디
다이애나 홍 지음 | 257쪽 | 12,000원

다이애나 홍의 독서 향기
다이애나 홍 지음
248쪽 | 12,000원

베스트셀러 절대로
읽지 마라
내 곁에 있는 책이 나를 말해준다
김욱 지음 | 288쪽 | 13,500원

밥이 고맙다
일상에 대한 맛있는 인생 레시피
이종완 지음 | 292쪽 | 15,000원

아버지 사랑은 택배로 옵니다
감성충전 행복테라피
김윤숙 지음 | 240쪽 | 12,000원

생존 매뉴얼 365
김학영, 지영환 지음
420쪽 | 25,000원

웰레스트
이내화 지음
280쪽 | 13,000원

「살아남는 자의 힘」으로
『비즈니스 현장에서 Blue Ocean 만들기』
석세스 아카데미 강좌

영업과 세일즈로 나만의 영역을 만드는

현장 노하우를 알기 원하십니까?

컨택과 함께 고객을 내 편으로 만들기 위해서 마케터와 리더가

알아야 할 것들은 한두 가지가 아닙니다.

오랜 시간 영업 현장을 누비면서 집필한 「살아남는 자의 힘」 책에

다하지 못한 이야기들을 공개강좌를 통해 알리고자 합니다.

비즈니스 현장의 짜릿한 감동과 성공에 도전, 그리고 자신감을

얻을 수 있는 좋은 기회가 될 것입니다.

✖ 아카데미 기대 효과

♣ 비즈니스 및 세일즈 환경의 변화를 이해하고 마케터에게
　시장 개척의 동기를 부여 한다.

♣ 특화된 마케팅 시장에서 전문가로 자리매김하는
　테크닉을 체득한다.

♣ 차별화된 비즈니스 마인드, 자기계발, 동기부여,
　리더십 프로그램을 배우며 전문가로서 성장을 도모한다.

♣ 체득한 스킬을 통해 현장에 적용함으로서 올바른
　사업진행 습관을 형성하고, 그에 따른 성과를 기대할 수 있다.

석세스 참가 신청 및 자세한 안내는 메일로 해 주세요.

e-mail : hopesale@hanmail.net

살아남는 자의 힘

초판 1쇄 인쇄 2016년 10월 15일
1쇄 발행 2016년 10월 25일

지은이 이창우
발행인 이용길
발행처 모아북스
        MOABOOKS

관리 박성호
디자인 이룸

출판등록번호 제 10-1857호
등록일자 1999. 11. 15
등록된 곳 경기도 고양시 일산동구 호수로(백석동) 358-25 동문타워 2차 519호
대표 전화 0505-627-9784
팩스 031-902-5236
홈페이지 www.moabooks.com
이메일 moabooks@hanmail.net
ISBN 979-11-5849- 034 - 8 03320

모아북수 는 독자 여러분의 다양한 원고를 기다리고 있습니다.
MOABOOKS
(보내실 곳 : moabooks@hanmail.net)